AUTORE

Gabriele Malavoglia è nato a Milano nel 1989. Dopo aver completato gli studi liceali, si è trasferito in Spagna per proseguire gli studi universitari, rimanendo in terra iberica anche dopo la laurea. Appassionato fin da bambino di Storia militare italiana e spagnola, è uno studioso autodidatta e sta muovendo i primi passi nel campo dell'editoria. Vive a Saragozza e lavora come consulente logistico per alcune aziende locali.

PUBLISHING'S NOTES

None of unpublished images or text of our book may be reproduced in any format without the expressed written permission of Luca Cristini Editore (already Soldiershop.com) when not indicate as marked with license creative commons 3.0 or 4.0. Luca Cristini Editore has made every reasonable effort to locate, contact and acknowledge rights holders and to correctly apply terms and conditions to Content.
Every effort has been made to trace the copyright of all the photographs. If there are unintentional omissions, please contact the publisher in writing at: info@soldiershop.com, who will correct all subsequent editions.
Our trademark: Luca Cristini Editore©, and the names of our series & brand: Soldiershop, Witness to war, Museum book, Bookmoon, Soldiers&Weapons, Battlefield, War in colour, Historical Biographies, Darwin's view, Fabula, Altrastoria, Italia Storica Ebook, Witness To History, Soldiers, Weapons & Uniforms, Storia etc. are herein © by Luca Cristini Editore.

LICENSES COMMONS

This book may utilize part of material marked with license creative commons 3.0 or 4.0 (CC BY 4.0), (CC BY-ND 4.0), (CC BY-SA 4.0) or (CC0 1.0). We give appropriate attribution credit and indicate if change were made in the acknowledgments field. Our WTW books series utilize only fonts licensed under the SIL Open Font License or other free use license.

For a complete list of Soldiershop titles please contact Luca Cristini Editore on our website: www.soldiershop.com or www.cristinieditore.com. E-mail: info@soldiershop.com

Titolo: **LA POLIZIA REPUBBLICANA 1943-1945** Code.: **WTW-057 IT** di Gabriele Malavoglia
ISBN code: 9791255890973 prima edizione aprile 2024
Lingua: italiano; layout: 177,8 x 254mm Cover & Art Design: Luca S. Cristini

WITNESS TO WAR (SOLDIERSHOP) is a trademark of Luca Cristini Editore, via Orio 33D - 24050 Zanica (BG) ITALY.

WITNESS TO WAR

LA POLIZIA REPUBBLICANA 1943-1945

PHOTOS & IMAGES FROM WORLD WARTIME ARCHIVES

GABRIELE MALAVOGLIA

BOOKS TO COLLECT

INDICE

Introduzione .... pag. 5
La Polizia Repubblicana .... pag. 7
    Organigramma .... pag. 14
    Armamento .... pag. 15
    Caduti .... pag. 19
Ispettorati di Pubblica Sicurezza .... pag. 27
    La situazione nelle Zone d'Operazioni tedesche .... pag. 30
Forze Armate di Polizia .... pag. 43
    Battaglioni Autonomi di Polizia .... pag. 43
    Legione Autonoma di Pubblica Sicurezza "San Giusto" .... pag. 44
    Legione Arditi di Polizia "Pietro Caruso" .... pag. 45
    Ispettorato Speciale Polizia Anti Partigiani (I.S.P.A.) .... pag. 47
    Legione Autonoma Mobile "Ettore Muti" .... pag. 50
    Reparti Autonomi Speciali .... pag. 51
    Servizi Speciali di Polizia .... pag. 58
    Ispettorato Speciale .... pag. 58
L'attività a favore di perseguitati politici ed Ebrei .... pag. 73
Uniformi .... pag. 83
Bibliografia .... pag. 97

INTRODUZIONE

Anche la Repubblica Sociale ebbe la propria struttura di Pubblica Sicurezza, il corpo della Polizia Repubblicana, formata da una sorta di doppia anima, una territoriale, impegnata nei compiti d'istituto della Polizia, ed una più spiccatamente figlia del tremendo periodo che si stava vivendo, dedita principalmente alla persecuzione degli avversari politici del Fascismo, i partigiani, ed alla caccia agli Ebrei. A volte queste due anime si compenetrarono, nonostante la suddivisione rimase molto netta. Fino ad oggi ben poco è stato scritto sulle vicende della Polizia Repubblicana, le ricerche si sono concentrate, per motivi diversi e talora opposti, soprattutto su quei reparti di para-polizia, spesso conosciuti come "bande", dediti alle attività più violente e crudeli, che operavano perlopiù in stretta dipendenza con i comandi germanici. È stato invece tralasciato l'aspetto più istituzionale della polizia Repubblicana, nelle cui file militarono moltissimo uomini onesti e probi, che, in molti casi, si prodigarono anche per salvare ebrei o militarono segretamente nella Resistenza. Lungi dall'avere realizzato uno studio sistematico ed esaustivo, in queste pagine si è cercato di compendiare tutti gli aspetti caratterizzanti la struttura della polizia nel periodo della Repubblica Sociale Italiana.

L'autore

▲ Il tragico Armistizio dell'8 settembre 1943 travolse tragicamente anche la Regia Polizia. Il 12 settembre Sulla Piazza del Viminale gli agenti di Pubblica SS e i carabinieri di guardia al Ministero dell'interno vengono disarmati dai paracadutisti tedeschi.

▲ Carabinieri e Polizia, dopo essere disarmati ed inquadrati in ranghi, sono in attesa di conoscere il loro destino.

▼ Gli agenti di Polizia vengono avviati ai punti di concentramento e di prigionia, sotto il controllo dei paracadutisti tedeschi, che hanno occupato la Capitale.

LA POLIZIA REPUBBLICANA

La caduta del Fascismo colpì in maniera repentina anche gli organi di Pubblica Sicurezza: nelle Questure si attendevano, invano, ordini dagli organismi superiori ed una netta presa di posizione da parte del Sovrano, che non ci furono. Badoglio provvide ad instaurare la Corte Marziale ed a rimilitarizzare il Corpo degli Agenti di Pubblica Sicurezza[1], al cui bavero della giacca si sarebbe dovuto togliere i fasci littori ed apporre le stellette. Tra il 25 luglio 1943 e l'8 settembre, dunque, la Polizia attraversò un periodo di limbo, durante il quale gli agenti vissero consapevoli di una irrimediabile rottura negli equilibri di governo, una situazione che non era di facile decodifica, resa ancora più incerta dall'assenza di ordini chiari; di certo si ridusse l'attività contro gli antifascisti, anche se Badoglio temeva l'attività dei movimenti socialisti e comunisti. La custodia di Mussolini a Campo Imperatore fu affidata ad un nucleo di agenti della Polizia, comandati dal Questore Gueli (che aderì successivamente alla Repubblica Sociale), equipaggiati con armi automatiche e mitragliatrici, che non reagirono però contro i paracadutisti tedeschi che il 12 settembre, con l'Operazione Quercia, liberarono il Duce dalla prigionia.

Con l'Armistizio la situazione precipitò in modo repentino: i poliziotti rimasero consegnati nelle caserme e nelle Questure, temendo le ritorsioni dei nazisti. In seguito, proprio all'Armistizio dell'8 settembre 1943 e l'occupazione tedesca della Capitale, le autorità tedesche il 23 settembre fecero arrestare il Capo della Polizia Carmine Senise[2], accusato di aver partecipato al golpe contro Benito Mussolini e ritenuto quindi personaggio inaffidabile. Senise fu catturato da militari delle SS e Paracadutisti tedeschi, al comando del Capitano Erich Priebke, mentre si trovava nel suo ufficio al Viminale. Dopo la caduta del Fascismo, infatti, Senise era stato nominato da Badoglio Capo della Polizia, in quanto vicino più alla Monarchia che al Regime.

Nel frattempo, il Duce, in seguito alla costituzione della Repubblica Sociale Italiana, diede impulso alla creazione di nuovi apparati amministrativi e militari, tra cui la contemporanea organizzazione della Polizia Repubblicana e della Guardia Nazionale Repubblicana. Mussolini si era reso conto che la gestione dell'ordine pubblico non poteva assolutamente essere affidato all'Arma dei Carabinieri, che si era dimostrata un potenziale pericolo a causa della lealtà verso Casa Savoia. Nell'ottobre del 1944 gli apparati centrali della Polizia furono trasferiti al Nord Italia. Secondo la testimonianza di alcuni agenti, una notte di ottobre giunse l'ordine di caricare tutti i veicoli disponibili con attrezzatura e dotazione: stamperie, uniformi, armi, fascicoli, attrezzature di ogni tipo genere furono stipati su qualunque autoveicolo ed una lunga colonna partì velocemente nottetempo da Roma verso il Nord Italia. Una volta raggiunta Valdagno (VI), tutto il materiale fu sistemato in alcuni magazzini di un lanificio, provvisoriamente adibito a struttura ministeriale.

---

1 Il Corpo degli Agenti di Pubblica Sicurezza era un corpo prettamente civile e durante la Seconda guerra mondiale aveva mobilitato solamente un paio di Battaglioni motorizzati, dotati di motociclette, in Montenegro e nella zona di Fiume.
2 Nato a Napoli nel 1883, Senise nel 1908, laureato in Giurisprudenza, vinse un concorso ed entrò al Ministero dell'Interno, dove ricoprì incarichi come Sottoprefetto, Segretario e poi Capo dell'Ufficio Stampa, per essere destinato successivamente alla Direzione generale delle Carceri e, poi, a quella di Sanità. Nel 1930 fu trasferito alla Direzione Generale di Pubblica Sicurezza, divenne capo della Divisione per gli Affari Generali e Riservati. Nel 1932 fu promosso Prefetto e nominato Vice Capo della Polizia, subentrando al comando il 22 novembre 1940 a Bocchini, su proposta del Sottosegretario di Stato all'Interno Buffarini Guidi. Il 14 aprile 1943 fu destituito da Mussolini, scontento per la debole repressione degli scioperi operai del nord Italia nel mese precedente. Senise partecipò alla "congiura" del 25 luglio, proponendo di eseguire l'arresto di Mussolini a Villa Savoia. Il 26 luglio Pietro Badoglio lo reintegrò nelle sue mansioni, che mantenne fino all'annuncio dell'armistizio di Cassibile, quando scelse di rimanere a Roma. Il 23 settembre fu arrestato dai tedeschi, deportato in Germania e recluso prima nel campo di concentramento di Dachau e poi in quello di Hirschegg, dove fu liberato il 2 maggio 1945. Tornato in Italia, fu accusato di favoreggiamento del Fascismo, ma fu assolto dalla Corte Speciale d'Assise di Roma. Morì nel 1958.

Il Corpo della Polizia Repubblicana fu così ufficialmente costituito il 20 novembre 1943, come parte delle Forze Armate, operante nel territorio della Repubblica Sociale Italiana, per assolvere i compiti di:
- polizia giudiziaria
- pubblica sicurezza
- prevenzione e repressione dei reati
- verifica dell'applicazione delle leggi dello Stato
- ordine pubblico
- antiguerriglia
- perlustrazione del territorio periferico.

Quest'ultima attività era svolta principalmente dalle unità mobili e dalle cosiddette Forze Armate di Polizia. La Polizia Repubblicana fu anche incaricata del servizio informativo ed investigativo in relazione allo stato di guerra del Paese, con l'applicazione delle leggi vigenti in tale materia.
Ai reparti costituenti l'ossatura della Polizia Repubblicana si aggiunsero anche una serie di unità che potremmo definire di para-polizia, che non si occupavano di garantire la legalità in senso stretto, ma che operavano in maniera repressiva (spesso in maniera feroce e violenta) contro la Resistenza.
Il Corpo di Polizia Repubblicana assorbì i funzionari civili del Dipartimento di Pubblica Sicurezza del Ministero dell'Interno e gli appartenenti al disciolto Regio Corpo degli Agenti di Pubblica Sicurezza[3], risultando, di fatto, una forza ad ordinamento civile, ma con una struttura organizzativa di stampo militare.
Il Corpo assunse la denominazione di Polizia Repubblicana della R.S.I. e fu posto al comando del Prefetto Tullio Tamburini[4], con sede a Toscolano Maderno (BS), presso il Ministero dell'Interno, alle dipendenze dello stesso Ministro reggente il dicastero. Dal punto di vista dell'organico, il Corpo di Polizia Repubblicana contava, nell'ottobre 1944, 21.259 uomini, numero che andò ad assottigliarsi per gli eventi bellici fino a circa 20.000, dislocati prevalentemente nelle città capoluogo di provincia, organizzati inizialmente su 10 Ispettorati Regionali, 65 Questure, 2 Scuole di specializzazione, Nuclei di scorta distaccati presso i vari Ministeri e reparti operativi mobili antiguerriglia[5].

---

3 L'organizzazione della Polizia Repubblicana anticipò in parte la Polizia di Stato fondata nel 1981, in quanto essa divenne, per necessità, un organo mono-componente ed unificato, a differenza dell'ordinamento vigente nel Regno del Sud, dove la polizia continuò ad essere composta dai funzionari civili del Ministero dell'Interno e dal Regio Corpo degli Agenti di Pubblica Sicurezza.

4 Nato il 22 aprile 1892 a Prato, si trasferì a Firenze prima della Grande guerra, dove viveva di espedienti; condannato per truffa e falsificazione di biglietti di banca, evitò il carcere in quanto "confidente con la Questura". Dopo avere combattuto, alla fine del conflitto si iscrisse al Fascio fiorentino, compiendo una rapida ascesa gerarchica, partecipando nei primi anni Venti a numerose spedizioni punitive, ma riuscendo sempre ad evitare condanne ed incarceramenti, continuando allo stesso tempo l'illecita attività di truffatore. Nel 1923 fu nominato console della 92ª Legione della Milizia "Francesco Ferrucci", che comandò a sua totale discrezione, talvolta impiegando i suoi sottoposti a tutela dei suoi interessi personali. Nella notte tra il 3 e il 4 ottobre 1925 scatenò a Firenze violenze anti-massoniche, venendo accusato da varie parti di gettare discredito sul Fascismo con le sue gesta violente, tanto da essere allontanato dall'Italia e inviato in Libia. Ritornato in Italia nel 1936, fu nominato Prefetto di Avellino nel 1936 e di Ancona nel 1939, infine di Trieste dal 7 giugno 1941 al 1º agosto 1943. Dopo l'Armistizio, il 12 settembre, assunse nuovamente l'incarico di Prefetto di Trieste, che mantenne sino al 1º ottobre, data in cui fu nominato Capo del Corpo di Polizia Repubblica. Tamburini non abbandonò i vecchi metodi criminali e nel gennaio 1944 venne accusato di arricchimento illecito e in aprile fu destituito. Sospettato di connivenza con gli Alleati, il 21 febbraio 1945 il generale Karl Wolff lo fece arrestare a Como e successivamente internare nel blocco 25 del campo di concentramento di Dachau. A fine aprile insieme ad altri prigionieri illustri fu trasferito a Villabassa in Val Pusteria, dove venne insieme liberato dagli Alleati il 4 maggio 1945. Fu però ben presto arrestato per il suo coinvolgimento col Regime, venne in ogni caso amnistiato nel settembre 1946. Emigrò a Buenos Aires, ritornando a Roma anni dopo, dove morì nel 1957.

5 Naturalmente, il numero di effettivi andò ad assottigliarsi a mano a mano che il territorio della Repubblica Sociale passava sotto il controllo degli Anglo-americani, così come le Questure e gli Ispettorati Regionali andarono a mano a mano riducendosi.

La formazione della Polizia Repubblicana non fu però un meccanismo di (ri)fondazione del Corpo, ma si appoggiò, almeno per quanto riguarda la struttura territoriale, sugli organismi già esistenti del Corpo degli Agenti di Pubblica Sicurezza, poiché le Questure avevano continuato ad espletare le proprie funzioni d'istituto senza soluzione di continuità anche durante i delicati momenti susseguenti all'Armistizio. Per questo motivo l'adesione alla Repubblica Sociale fu, per molti poliziotti, non un'adesione consapevole, ma piuttosto la mera esecuzione di un ordine. Probabilmente per molti non era nemmeno chiaro cosa fosse la R.S.I. e cosa potesse significare militare nella Polizia Repubblicana. La situazione fu chiara a tutti solo quando, con l'atto formale e simbolico di togliere le stellette dal bavero per sostituirle con i gladi repubblicani, fu chiesto frettolosamente di giurare fedeltà a Mussolini: proprio alla notizia di quel cambio di schieramento, molti poliziotti, che avevano giurato fedeltà al Re, non esitarono a disertare, dandosi alla macchia o passando nelle file della Resistenza. È necessario però sottolineare come le vicende a cui la Polizia Repubblica andò incontro dopo la sua costituzione furono tormentate dalla situazione magmatica in cui si trovava il territorio della Repubblica Sociale, situazione che portò a tensioni sempre più crescenti con l'acuirsi della guerra civile, nella consapevolezza che la situazione era molto diversa da provincia a provincia e che cambiava sia il modo di fare polizia, sia il sistema di lotta partigiana. La Polizia Repubblicana si trovò in una scomoda posizione: malvista dai fascisti, perché ritenuta una struttura dove si annidavano gli imboscati, altrettanto malvista dalla Resistenza, perché i partigiani la ritenevano un'organizzazione fascista, tanto che per molti la vita nella Polizia Repubblicana fu sempre improntata ad una perenne corsa per la sopravvivenza.

La realtà vissuta in quel periodo era talmente intricata che moltissimi furono anche i casi di poliziotti conosciuti e rispettati dai partigiani, poiché ritenuti uomini professionalmente onesti ed estranei alle persecuzioni antipartigiane, e che vennero dunque sempre risparmiati da attentati gappisti ed episodi di ritorsione. Questi uomini furono rispettati anche nei casi in cui, dopo avere ricevuto una proposta di disertare per unirsi alla Resistenza, rifiutavano in nome del giuramento di fedeltà prestato.

Tra gli effettivi della Polizia Repubblicana vi fu comunque, in conseguenza dello stato delle cose estremamente confuso, un certo numero di diserzioni, uomini che decisero di aderire alle formazioni della Resistenza, molto spesso sollecitati proprio dalla recrudescenza dei sistemi di lotta antipartigiani, perpetrati soprattutto dai "Reparti Speciali di Polizia". Numerosi furono gli appartenenti alla Polizia che perirono imbracciando le armi come partigiani. La guardia ausiliaria Flavio Grandoni della Questura di Torino, dopo avere disertato dal proprio Battaglione, si era unito alle formazioni partigiane della Brigata "Garibaldi". Morì nei pressi del capoluogo piemontese nel corso in un conflitto a fuoco contro formazioni naziste combattendo proprio come partigiano il 26 agosto 1944.

Non tutti i fuoriusciti però furono accolti a braccia aperte dai partigiani. Il 15 giugno 1944, ad esempio, quattordici giovanissimi agenti ausiliari della Compagnia di Modena[6] tentarono di unirsi ai partigiani della cosiddetta Repubblica di Montefiorino. Il Comitato di Liberazione Nazionale modenese munì i poliziotti di una lettera, con la quale veniva garantita la loro fede democratica ed il loro desiderio di unirsi ai partigiani, ma quando gli agenti raggiunsero la zona in mano ai partigiani, furono catturati da una formazione guidata da uno spietato comandante, Nello Pini, nome di battaglia "Nello", il quale decise di fucilarli immediatamente sotto la falsa accusa di essere spie[7].

---

6 I quattordici giovani erano gli Agenti Emilio Campeggi, Giuseppe Casari, Aderigo Cassanelli, Alessandro Castellari, Raffaele Del Bue, Angelo Giubbolini, Guerrino Gozzi, Nando Montorri, Silvio Moscardini, Luigi Piana, Riccardo Quadrelli, Tullio Tripoli, Livio Varagnoli ed Enrico Visciano.

7 Il comandante "Nello", benché fosse un combattente valoroso, fu ben presto giudicato spietato ed incontrollabile dal comando della Resistenza di Montefiorino per questa strage e per l'eliminazione sistematica ed ingiustificata di altri

Diversi elementi della Polizia agirono come "quinta colonna" all'interno delle stesse Questure, pagando spesso con la vita il loro sostegno alla Resistenza, dopo essere stati scoperti. A La Spezia le autorità germaniche intercettarono un nucleo che agiva dall'interno della locale Questura, grazie anche a confessioni estorte ad alcuni agenti con la tortura, e tutti i soggetti individuati furono deportati e quasi tutti perirono in prigionia. A Bologna, nelle prime ore del mattino del 21 luglio 1994 furono fucilati in piazza del Nettuno le Guardie ausiliarie Romeo Giori e Paride Pasquali insieme ad un altro partigiano. Le due Guardie ausiliarie erano in forza presso il Commissariato di Polizia di Strada Maggiore a Bologna ed erano segretamente membri della Resistenza, ma furono scoperti ed arrestati. Trasferiti insieme ad un terzo partigiano al comando della Compagnia Ausiliaria di Bologna, furono ferocemente torturati da parte della famigerata "banda Tartarotti" (la Compagnia Autonoma Speciale della Polizia Ausiliaria), di cui parleremo più avanti.

Non mancarono di contro episodi di violenza e ferocia, perpetrati da elementi della Polizia che, approfittando della situazione poco cristallina che si stava vivendo nel Nord Italia, deviarono dai compiti d'istituto della Pubblica Sicurezza e si dedicarono ad azioni repressive violente, che sfociarono in alcuni casi, in espressioni di vero e proprio banditismo. Questi metodi portarono ad un'intensificazione degli attentati dei partigiani nei confronti soprattutto degli agenti e dei funzionari delle squadre politiche; purtroppo, ci furono però anche episodi di operazioni condotte contro elementi del tutto estranei all'attività repressiva; possiamo citare il caso dell'attentato dinamitardo contro la caserma della Compagnia Agenti di Polizia di Bologna del 1° novembre 1944, che causò 7 morti, tra agenti e sottufficiali.

In altri casi elementi della Polizia Repubblicana si trovarono coinvolti in scontri a fuoco con partigiani, mentre venivano impiegati in vere e proprie operazioni anti-ribelli. Il 3 marzo 1944, ad esempio, i partigiani della Brigata Gramsci attaccarono ed occuparono la caserma della Guardia Nazionale Repubblicana di Poggio Bustone (RI) e respinsero una controffensiva condotta da 200 Agenti di Polizia, militi della Guardia Nazionale Repubblicana e militari dell'Esercito, comandata dal Questore di Rieti Bruno Pannaria. Quest'ultimo ritornò nella zona il 10 marzo, guidando una nuova offensiva, che costò la vita a tre partigiani ed il ferimento di altri cinque, ma un gruppo di appena 24 partigiani contrattaccò a sua volta nei pressi di Poggio Bustone, uccidendo 10 persone (secondo alcuni studi i caduti tra le unità della Repubblica Sociale furono 14), distruggendo molti automezzi e perdendo nel combattimento quattro uomini. Tra i caduti repubblicani di Poggio Bustone vi erano lo stesso questore di Rieti Bruno Pannaria e le guardie di Pubblica Sicurezza Sante Berton, Nicola Dell'Aquila, Umberto Ferretti e Gustavo Trotta. Altri due agenti, Alberto Guadagnoli e Vincenzo Francescucci, catturati in seguito all'attacco insieme a due militi della G.N.R., vennero fucilati dai partigiani nei pressi delle rovine del castello di Leonessa (RI)[8].

In altri frangenti, agenti della Polizia persero la vita mentre espletavano i compiti d'istituto, cadendo vittima di attacchi o imboscate partigiane. Il 1° marzo 1944 due sottufficiali di Polizia della Questura di Genova, il maresciallo Pietro Lanzi ed il Brigadiere Amedeo Garribba, vestiti in borghese, furono incaricati di procurare la scorta ad un camion della S.E.P.R.A.L. (l'ente governativo che durante la guerra era incaricato della distribuzione e del rifornimento dei generi alimentari). Nelle prime ore del mattino, sulla strada tra gli abitati di Sarmato e Rottofreno (PC), l'autocarro sul quale viaggiavano venne bloccato da alcuni partigiani, i quali perquisirono la cabina del mezzo, trovando la pistola d'ordinanza del maresciallo Lanzi. I partigiani chiesero a chi appartenesse l'arma ed il maresciallo Lanzi fu costretto a svelare la propria identità. I due sottufficiali furono quindi catturati e costretti a seguire i partigiani, probabilmente allo scopo di servire come oggetto in un eventuale scambio di

---

prigionieri. Nello Pini fu arrestato ed il 31 luglio 1944 fu fucilato a Montefiorino dagli stessi partigiani, insieme ad alcuni esponenti dello Stato Maggiore della sua unità.
8 I loro corpi non vennero ritrovati e i due poliziotti furono ufficialmente dichiarati dispersi. Solo nel 2004 tra le rovine del castello di Leonessa vennero rinvenuti dei resti umani, attribuibili ai fucilati del 1944.

prigionieri con le autorità della R.S.I.; due settimane dopo la cattura, il 14 marzo, venne fucilato il Brigadiere Garribba e circa una settimana dopo, il giorno 23, fu la volta del maresciallo Lanzi. Solo il 7 marzo 1946 la salma del maresciallo Lanzi e quella del vicebrigadiere Garribba vennero rinvenute in località Bertassi di Ottone (PC); in seguito, la salma del Brigadiere venne sepolta nel cimitero di Gorreto (GE). Simile il caso della Guardia di Polizia Giovanni Polistri, morto in via Cantarena a Genova il 4 marzo 1944, mentre effettuava un servizio di pattugliamento insieme ad altri colleghi. Un "gappista", accortosi della presenza degli agenti, aprì improvvisamente il fuoco contro il gruppo: Polistri morì sul colpo mentre un altro agente, Giordano Melchiorre, rimase ferito a una mano.

Un altro esempio. Il pomeriggio del 2 luglio 1944, Sestri Ponente, morì assassinato da un partigiano il vice brigadiera Mario Devoti, in forza al Commissariato della cittadina, dopo che aveva prestato servizio alla Squadra Mobile di Genova. Intorno alle 15 il poliziotto fu colpito mortalmente da un individuo, che gli era arrivato alle spalle, mentre camminava lungo piazza Aprosio. L'assassino era un diciottenne di Cuneo, Bruno Raspino, che fu catturato quasi subito, trovato in possesso della pistola con cui il poliziotto era stato ucciso. Il giovane, messo alle strette, confessò l'omicidio, fu processato, condannato a morte e passato per le armi poco tempo dopo.

Anche nei confronti degli ebri residenti in Italia, la Polizia Repubblicana avrebbe dovuto operare in concerto con le autorità germaniche, secondo gli ordini emanati dal Capo del Corpo. La sera del 30 novembre 1943, infatti, Tamburini inviò alle Prefetture il seguente ordine di polizia da lui firmato: *"Comunicasi, per la immediata esecuzione, la seguente ordinanza di polizia che dovrà essere applicata in tutto il territorio di codesta provincia:*

1. *Tutti gli ebrei, anche se discriminati, a qualunque nazionalità appartengano, e comunque residenti nel territorio nazionale debbono essere inviati in appositi campi di concentramento. Tutti i loro beni mobili e immobili devono essere sottoposti a immediato sequestro in attesa di essere confiscati nell'interesse della Repubblica Sociale italiana, la quale li destinerà a beneficio degli indigenti sinistrati dalle incursioni aeree nemiche.*
2. *Tutti coloro che, nati da matrimonio misto, ebbero, in applicazione delle leggi razziali vigenti, il riconoscimento di appartenenza alla razza ariana, debbono essere sottoposti a speciale vigilanza dagli organi di polizia.*
3. *Siano pertanto concentrati gli ebrei in campi di concentramento provinciali, in attesa di essere riuniti in campi di concentramento speciali appositamente attrezzati".*

Di fatto, dal successivo 1º dicembre, questa ordinanza rese ogni ebreo passibile di arresto da parte delle autorità italiane, e fece sì che venissero allestiti nuovi campi di concentramento in Italia, creando quindi le basi per garantire l'invio e il conseguente annientamento degli ebrei italiani nei campi di sterminio. L'ordinanza richiedeva puntuale e pronta esecuzione da parte degli organi di polizia, in particolare degli Uffici Politici delle Questure.

Per quanto riguarda gli elementi "deviati" della polizia, citiamo, a titolo di esempio, il caso della cosiddetta "banda Polga", che agì nella provincia di Vicenza, composta da elementi della Questura del capoluogo. Il 21 novembre 1943 a Vallonara di Marostica (VI) alcuni partigiani uccisero in un agguato Alfonso Caneva: fu il primo repubblicano vicentino ad essere giustiziato. La risposta dei fascisti fu immediata ed a Marostica furono arrestate 14 persone, che subirono selvaggi maltrattamenti. Fra i reparti repubblicani impegnati nell'azione di repressione vi era il Battaglione di Polizia Ausiliaria di Vicenza, comandato proprio dal Capitano Giovanni Battista Polga. Il Capitano Polga iniziò da quel momento a rendersi tristemente famoso per la sua crudezza e la sua efficienza nella repressione verso gli antifascisti, dirigendo molte azioni di rastrellamento contro le formazioni partigiane vicentine e rendendosi responsabile di varie esecuzioni, anche di civili.

Polga, che aveva intessuto stretti rapporti con il BdS-SD nazista, costituì anche una "banda", che si spacciava per formazione partigiana, commettendo saccheggi e violenze in tutta la provincia. Il 27 novembre 1944, un gruppo d'azione "anti-Polga", formato da elementi vicini alla Resistenza, dopo essersi infiltrato da tempo tra le file della Questura, scoprì il programma del Capitano per il giorno successivo ed organizzò un'imboscata insieme ad alcune formazioni partigiane, per dare esecuzione alla condanna a morte inflitta dal C.L.N. Provinciale allo stesso Polga. Il giorno dopo, verso le ore 10:00 del mattino, una squadra di partigiani compì l'imboscata nei pressi di Priabona di Monte di Malo (VI), eseguendo la condanna a morte. Questa azione partigiana suscitò grande scalpore in tutta la provincia e la vendetta fu rabbiosa. A partire dal giorno dopo, e fino all'inizio di dicembre, la provincia di Vicenza fu passata al setaccio e furono uccisi numerosi partigiani, anche da elementi del Battaglione della Polizia Ausiliaria Repubblicana di Vicenza, mentre il feroce Capitano Polga veniva celebrato come martire della causa repubblicana. Nella stessa Questura di Vicenza, d'altra parte, diversi agenti della Polizia Ausiliaria transitarono alle dipendenze della Polizia tedesca e vennero impiegati come delatori. Tra di essi si può ricordare un certo Dal Zotto Anselmo, uno dei pochi, a carico del quale emersero documentate accuse per aver fattivamente operato a far inviare nei campi di concentramento tedeschi alcuni partigiani di Schio.

Un'altra unità violenta e feroce era presente presso la Questura Repubblicana di Novara: si trattava della cosiddetta "Squadraccia", un reparto di para-polizia al comando del Tenente di Pubblica Sicurezza Vincenzo Martino. La Squadra Speciale, soprannominata "Squadraccia" proprio per i metodi adottati, si rese famosa per la brutalità con cui perseguiva elementi ritenuti antagonisti politici del Fascismo, senza risparmiare nemmeno appartenenti alla stessa Polizia Repubblicana, come, ad esempio, il Vice Brigadiere Ausiliario Squadrito Pasquale, che fu sommariamente ucciso il 21 giugno a Novara da elementi della "Squadraccia", poiché era collegato con la Resistenza del novarese, per la quale si prodigava a reclutare partigiani. Il 1° novembre dello stesso anno l'unità del Tenente Martino assassinò anche il Brigadiere Giovanni Barberi del Battaglione Ausiliario di Polizia della Questura di Novara. Il Brigadiere Barberi era stato identificato dalla Squadra Speciale di Martino grazie alla confessione di un altro partigiano, che, nel corso di un brutale interrogatorio, aveva ammesso che il Brigadiere forniva ai partigiani armi, munizioni e vestiario, che venivano regolarmente sottratti al magazzino della Questura con l'aiuto di altri militari del Battaglione Ausiliario di Polizia. Dopo essere stato arrestato il Barbari fu condotto uno dei nascondigli del materiale sottratto, ma la macchina che lo trasportava ebbe un guasto; approfittando del momento di confusione, il Brigadiere tentò la fuga, ma fu freddato da raffiche di mitra.

Il Tenente Martino, arrestato nell'immediato dopoguerra per l'esecuzione di Squadrito ed accusato di altri numerosi delitti, riuscì ad evadere dalla prigionia, per non venire mai più catturato.

Il 25 aprile 1945 sancì la fine politica della Repubblica Sociale Italiana e, di conseguenza, anche quella della Polizia Repubblicana. Al momento dell'insurrezione partigiana, il Generale Renzo Montagna non si occupò di gestire transizione di potere sia militare che politica, come competerebbe ad un Capo della Polizia anche a rischio personale, per tutelare l'ordine pubblico, ma si trattenne, insieme al Ministro Pisenti e al Capo Provincia Bassi, presso Palazzo Monforte a Milano fino alle ore 4,00 del 26 aprile senza diramare ordini. L'atteggiamento è spiegabile con il fatto che, già da metà aprile 1945, con l'autorizzazione di Mussolini, Montagna stava intrattenendo contatti con figure del C.L.N. milanese[9]. Resosi latitante, fu però individuato in un secondo momento e fu amnistiato dalla Corte Speciale d'Assise di Como il 29 maggio 1947. In realtà il partigiano Nino Puleio, comandante della 10ª Divisione delle Brigate Matteotti, in un articolo apparso sul quotidiano socialista "Avanti!"[10], dichiarò che tra gennaio e aprile del 1945 alcuni partigiani socialisti erano riusciti a compiere un

---

9 Per questo motivo, nel dopoguerra, Renzo Montagna fu accusato di doppiogiochismo da lettere anonime inviate al periodico "Asso di Bastoni".
10 "Quell'aprile a Milano", citato in bibliografia.

importante lavoro di proselitismo all'interno della Questura di Milano e delle caserme dislocate in città, tanto che il Comando della Brigate Matteotti avrebbe previsto di costituire ad Arona (NO) una Brigata speciale, composta dagli agenti e funzionari di Polizia, che avevano espresso la volontà di schierarsi con la Resistenza, che sarebbe stata messa al comando dello stesso Puleio. Questi elementi avrebbero dovuto abbandonare i reparti nel caso in cui l'avanzata degli Alleati si fosse resa difficoltosa, si sarebbero dovuti trasferire ad Arona con le armi e da lì avrebbero dovuto iniziare ad operare in concerto con le altre formazioni partigiane; i servizi segreti repubblicani, però, a metà aprile del 1945, avrebbero scoperto la trama e lo avrebbero arrestato, di ritorno proprio da un abboccamento con due ufficiali della Polizia di Milano, tali Pigola e Parascandolo. Tradotto in Questura e portato alla presenza del Generale Renzo Montagna, Nino Puleio avrebbe dimostrato al Capo della Polizia come la maggior parte degli uomini in forza alla Polizia milanese ed il generale Montagna, dopo avere preso accordi con i suoi superiori, avrebbe stretto accordi con Puleio affinchè il comandante partigiano si impegnasse a gestire l'ordine pubblico nei giorni dell'insurrezione partigiana, ormai prossima (in effetti la Divisione di Puleio fu la protagonista della gestione della situazione nel capoluogo lombardo in quei travagliati momenti).

Nonostante la situazione drammatica di quei giorni, molti furono i presidi della Polizia Repubblicana, soprattutto della Pubblica Sicurezza, che rimasero saldi, dando continuità alla propria attività d'istituto. In diversi casi le guardie intervennero a difesa della cittadinanza minacciata dai reparti tedeschi in fuga, come avvenne ad esempio a Cuneo, dove cinque agenti della locale Questura furono uccisi nel corso di alcuni scontri che videro contrapporsi il 28 aprile 1945 dei militari tedeschi e la cittadinanza. Questi i nomi dei cinque caduti di Cuneo:

- Guardia Mario Coscia
- Guardia Marco Evangelista
- Brigadiere Ugo Marano
- Guardia Nazzareno Pellegrini
- Guardia Agostino Scarpaci

Con l'insurrezione partigiana si poterono anche palesare coloro i quali avevano già preso contatti con le formazioni resistenziali o che addirittura agivano come quinta colonna, infiltrata all'interno delle strutture della Polizia.

Molti furono coloro che pagarono con la fucilazione l'incarico ricoperto sotto la Repubblica Sociale, come ad esempio, volendo citare alcuni casi più eclatanti, il Questore di Novara Emilio Pasqualy, quello di Como Lorenzo Pozzoli o quello di Brescia Manlio Candrilli, arrestato a casa propria, perché pensava di avere agito sempre correttamente, e sbrigativamente processato e giustiziato. Tra i cadaveri esposti in Piazzale Loreto insieme a quello di Mussolini vi era anche quello del Capitano Mario Nudi, responsabile della scorta del Duce. Nudi era stato fucilato dai partigiani il 28 aprile sul lungolago di Dongo (CO), assieme ad altri componenti della cosiddetta "Colonna Mussolini". La cattura e l'uccisione di Nudi sono circondate da un velo di mistero, poiché secondo alcuni storici il Capitano fu eliminato perché era uno scomodo testimone della sparizione del famoso "oro di Dongo: infatti il Capitano sarebbe stato uno dei responsabili della custodia del famoso "oro di Dongo" e sarebbe stato passato per le armi dopo essere stato depredato del prezioso carico. Ciò che risulta con certezza è che fu sottoposto ad un processo sommario da parte dei partigiani, processo la cui durata non superò i 10 minuti, giusto il tempo di essere condannato a morte, nonostante sia provata l'estraneità di Nudi a crimini di guerra o ad altre simili efferatezze.

È incredibile, invece, come riuscì a passare indenne attraverso l'insurrezione partigiana l'ultimo capo della Polizia Repubblicana, Generale Renzo Montagna, che uscì senza alcuna conseguenza dal processo tenutogli dalla Corte d'Assise Straordinaria di Como, potendosi così ritirata a tranquilla vita privata a Voghera (PV). Questa paradossale situazione è probabilmente motivata dal fatto che, come abbiamo visto poc'anzi, Montagna aveva intessuto trame con i vertici del Comitato di Liberazione Nazionale di Milano nell'ultimo mese di guerra.

Altri elementi, compromessisi durante il fascismo, preoccupati per la loro sorte, tentarono di sparire dalla circolazione, approfittando dell'aiuto offerto da parenti ed amici presenti sul territorio.

Ma molti furono anche semplici Agenti che pagarono con la vita in quelle drammatiche giornate, spesso senza alcun motivo o coinvolgimento reale, spesso senza nemmeno subire un processo, rei di avere indossato una divisa in un momento così travagliato.

Alla fine della guerra la Polizia Repubblicana venne assorbita dal neocostituito Corpo degli Agenti di Pubblica Sicurezza. Non tutti gli effettivi della Polizia Repubblicana poterono rimanere tra le fila del Corpo: molti furono infatti estromessi dall'attività operativa, dopo essere stati giudicati non idonei dalle Commissioni di epurazione partigiane.

Organigramma

- Comando Generale - Valdagno (VI) poi Toscolano Maderno (BS):
    - Capo della Polizia
    - Intendenza
    - Battaglione Autonomo di Pubblica Sicurezza[11]
    - Autoparco

La funzione di Capo della Polizia fu assunta da:
    - Prefetto Tullio Tamburini, dall'ottobre 1943 all'aprile 1944;
    - Prefetto Eugenio Cerruti, dall'aprile 1944 al 5 ottobre 1944[12];
    - Generale Renzo Montagna, dal 6 ottobre 1944 al 25 aprile 1945[13].

- Nuclei Scorta distaccati presso i diversi Ministeri:
    - Squadra Presidenziale, addetta alla sicurezza del Capo del Governo
    - Nuclei Scorta Ministri
    - Nucleo Scorta Sottosegretariato di Stato

---

11 Il 23 novembre 1944 il Battaglione fu protagonista di una terribile sciagura. Tre Guardie ausiliarie in forza al reparto, che si erano recati in paese per fare rifornimenti alimentare, mentre rientravano presso la sede del Battaglione trovarono un porta spezzoni contenente due ordigni inesplosi, residuo di un'incursione alleata avvenuta alcuni giorni prima. I tre poliziotti si adoperarono per evitare pericoli alla popolazione e, seguendo le disposizioni ufficiali, prelevarono gli rinvenuti, li trasportarono presso il loro comando, che si trovava nella Villa Carcarini a Virle Treponti (frazione del comune di Rezzato, dove erano stati distaccati alcuni uffici del Ministero dell'Interno della R.S.I.), depositandoli all'ingresso. Avvertito il comandante del presidio, Guardia scelta Valfredo Buti, i militi cercarono di disinnescare gli ordigni, uno dei quali però esplose. Il comandante Buti, che si trovava sulla soglia del comando, e la Guardia Giovanni Imma furono dilaniati dalla deflagrazione, mentre gli altri due agenti rimasero feriti, uno in maniera grave. La Guardia scelta Valfredo Buti morì durante il trasporto in ospedale, mentre la Guardia ausiliaria Giovanni Imma morì in ospedale 11 dicembre, in seguito alle gravissime ferite riportate nell'incidente.

12 Anch'egli, come il suo predecessore, fu visto con sospetto dalle autorità Germaniche e, per questo motivo, fu presto fatto arrestare.

13 Renzo Montagna nacque a Santa Giulietta (PV) il 13 marzo 1894. Dopo avere combattuto nella Prima guerra mondiale come ufficiale d'Artiglieria, fondò i Fasci a Santa Giulietta e si arruolò il 1° febbraio 1923 nella M.V.S.N., comandando la 38° Legione di Asti, poi la 3° di Cuneo e nel 1929 il IX Gruppo Legioni. Partecipò alla guerra d'Etiopia col grado di Console Generale, Comandante del IV Gruppo Battaglioni CC.NN., che il 28 febbraio 1946 occupò l'Amba Alagi. Nella Seconda guerra mondiale rivestì l'incarico di Comandante del Presidio di Lubiana (dal luglio 1942) e del Raggruppamento CC.NN. "21 Aprile". Arrestato dopo la caduta di Mussolini del 25 luglio 1943, fu incarcerato a Forte Boccea, dove fu liberato da paracadutisti tedeschi il 12 settembre. Con la nascita della Repubblica Sociale, fu nominato Comandante Generale ad interim della ricostituita Milizia, incarico che tenne dal 17 al 30 settembre, e poi Comandante tattico della M.V.S.N. Alta Italia. Dopo avere preso parte al cosiddetto "processo di Verona (era uno degli 8 giudici effettivi), all'alba del 9 luglio, mentre si trovava nella sua villa di Monteceresino (PV) in convalescenza, Montagna fu soggetto ad un tentativo di sequestro da parte dei partigiani. L'attacco fu respinto dalla sua ordinanza e dal generale stesso che si era unito ai difensori. Il 5 ottobre 1944 assunse l'incarico di Capo della Polizia Repubblicana, in sostituzione del dimissionario Eugenio Cerruti, caratterizzando il suo operato per energia e, mettendo sotto controllo i Reparti Speciali della Polizia, compresa la Polizia Economica addetta alla "borsa nera". Morì a Voghera il 6 luglio 1978.

- Scuole di specializzazione[14] - comandante Colonnello Larice:
  - Scuola per Agenti – Padova
  - Scuola per Ufficiali - Padova
- Ispettorati Regionali di Pubblica Sicurezza:
  - Piemonte
  - Lombardia
  - Liguria
  - Emilia-Romagna
  - Veneto
  - Venezia Giulia

organizzati su 65 Questure nel 1943, ridotte a 36 nell'ottobre 1944, a causa dell'avanzata degli Anglo - Americani.

- Forze Armate di Polizia
  - 6 Battaglioni Autonomi di Polizia Repubblicana
  - Legione Arditi di Polizia "Pietro Caruso"
  - Legione Autonoma Mobile "Ettore Muti"
  - Ispettorato Speciale Polizia Anti Partigiani (I.S.P.A.)
  - vari Reparti Autonomi Speciali

Da un documento del 4 dicembre 1944, risultano inoltre attive le seguenti Divisioni:
- Divisione di Polizia Politica (con sede a Valdagno)
- Divisione Personale Pubblica Sicurezza (con sede a Valdagno)
- Direzione Affari Generali e Riservati (con sede a Valdagno)
- Divisione Polizia (con sede a Valdagno)
- Divisione Forze Armate di Polizia (con sede a Milano)
- Divisione Polizia di Frontiera e Trasporti (con sede a Valdagno)
- Divisione Gestione contratti e forniture (con sede a Valdagno)

Armamento

L'armamento della Polizia Repubblicana era costituito da pistole di fabbricazione eterogenea, moschetti modello 91 (in tutte le sue declinazioni), mitra Beretta MAB38, alcune mitragliatrici Breda e Fiat, bombe a mano (non è contemplato l'armamento delle Formazioni autonome).
Secondo uno specchio dell'ottobre del 1944, la Polizia Repubblicana disponeva, complessivamente a tale data, del seguente armamento:
- 24.500 pistole
- 2.400 mitra MAB
- 18.500 moschetti
- 140 mitragliatrici
- 800.000 cartucce
- 60.000 bombe a mano.

---

14 Da un documento del 4 dicembre 1944 ("Istituzione Comando Presidio Forze di Polizia di Torino", copia fotostatica in possesso dell'autore) si apprende che a Torino era in funzione una Scuola di Polizia Ausiliaria, sciolta il 1° dicembre dello stesso anno. Da un documento del 3 marzo 1945 ("Richiesta stralcio nominativi Guardia di Finanza", copia fotostatica in possesso dell'autore), inoltre, risulta attiva una Scuola di Polizia anche a Varese. Infine, alcuni testi indicano erroneamente dipendente dalla struttura della Polizia Repubblicana la Scuola per Allievi della P.A.I., Polizia Africa Italiana, dislocata a Busto Arsizio (VA), al comando del Colonnello Rotondella. In realtà la P.A.I. faceva parte della Guardia Nazionale Repubblicana.

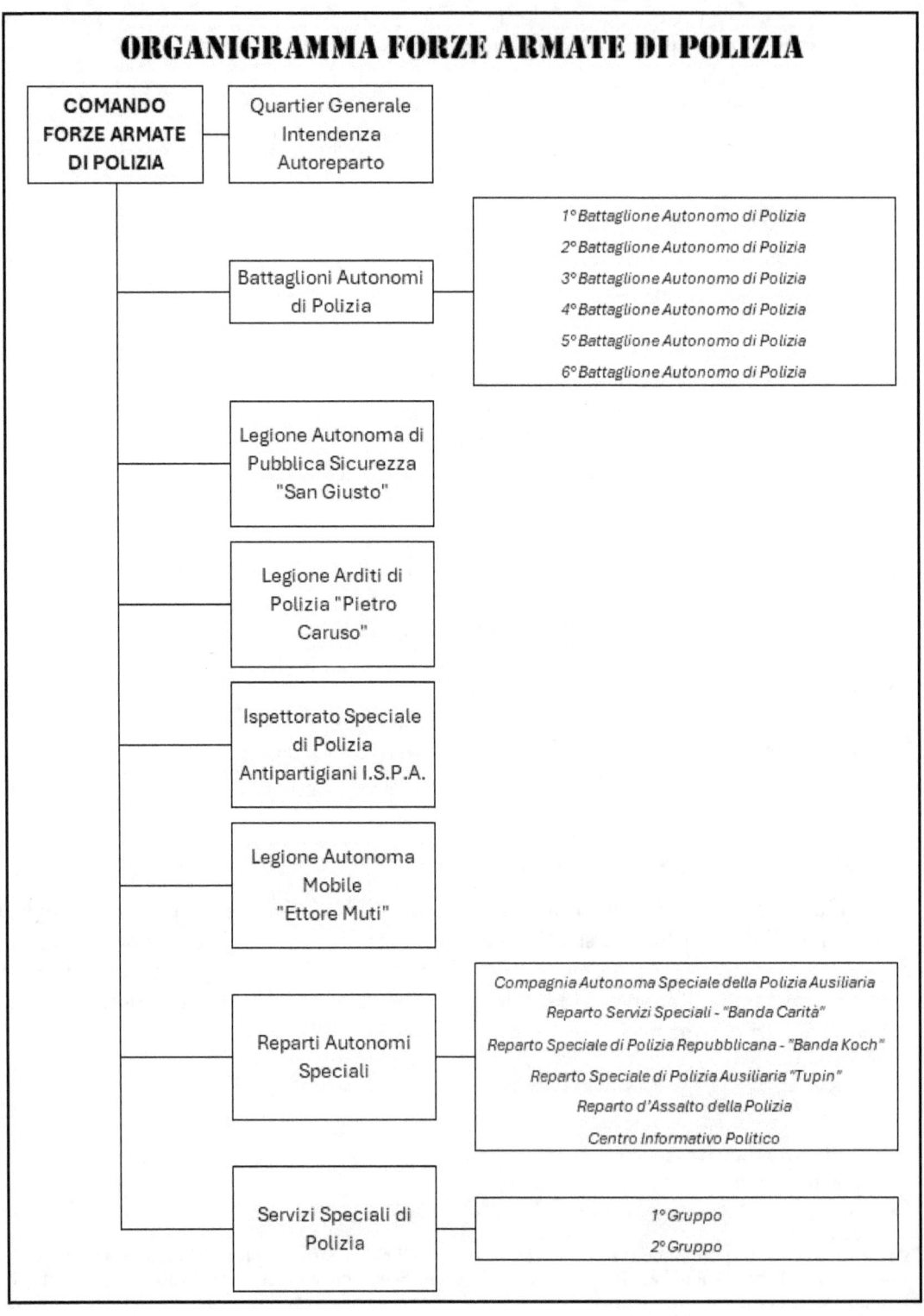

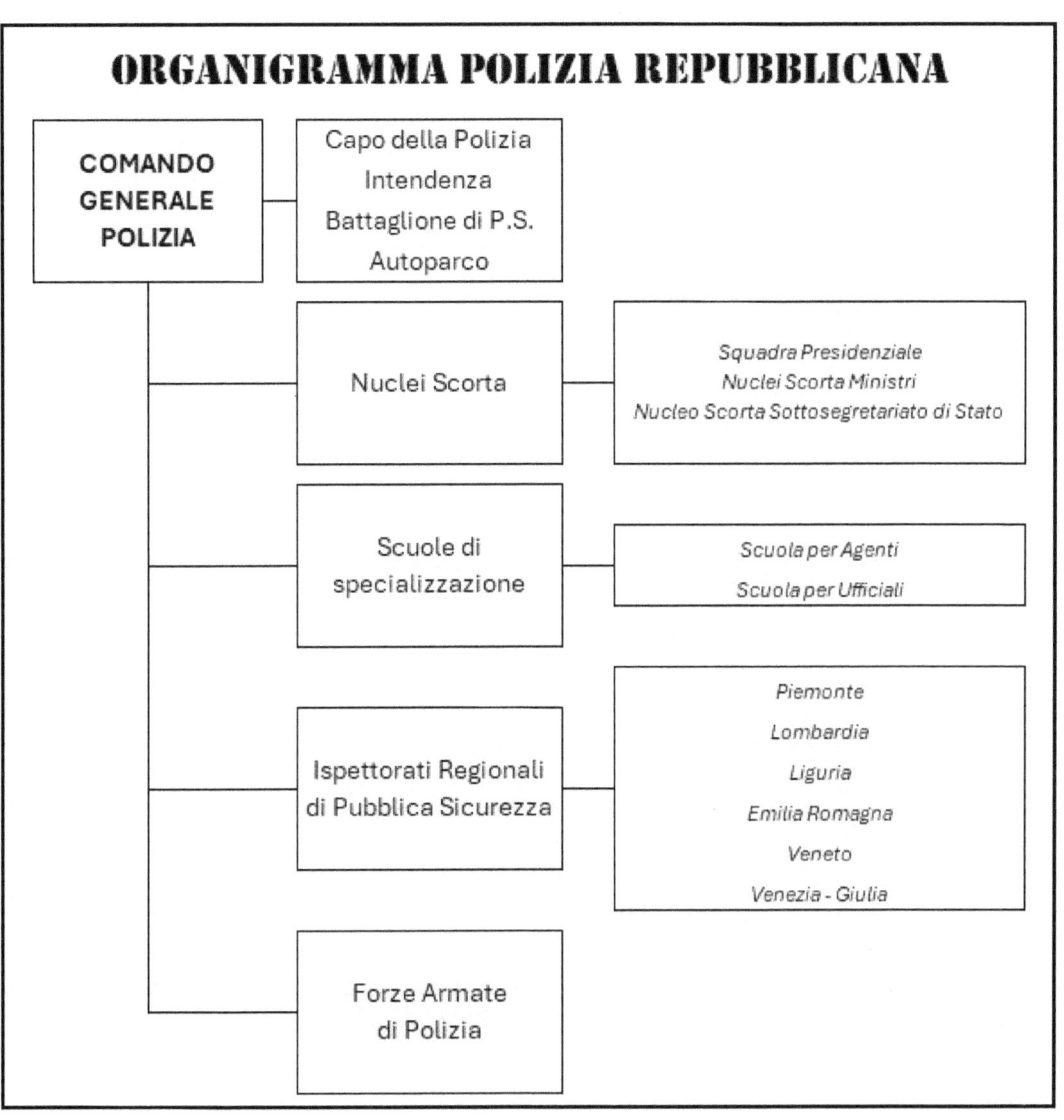

Autoveicoli

Un grande problema per la Polizia Repubblicana fu la mobilità. Modesta fu, infatti, la disponibilità di autoveicoli, per i quali spesso mancava anche il carburante, poiché il poco disponibile veniva perlopiù requisito dalla Forze Armate germaniche. Il parco macchine fu perciò estremamente limitato ed eterogeneo, basato soprattutto su autoveicoli civili di requisizione, con qualche rara eccezione per i reparti delle unità combattenti (in particolare per i reparti mobili dell'I.S.P.A.).

Mezzi blindati

L'apparato della Polizia Repubblicana, giocoforza, non disponeva di unità blindate organiche: nel contesto della Repubblica Sociale Italiana, l'Esercito stesso ebbe difficoltà a costituire reparti corazzati e, di conseguenza, la Polizia poté allineare solo alcuni mezzi raccogliticci.

Da un documento dell'Ispettorato Regionale per il Piemonte della Guardia Nazionale Repubblicana del 14 marzo 1944 si apprende che la Prefettura di Torino disponeva di un'autoblindo di tipo non specificato. Nel documento, che richiedeva di compiere un'azione di rastrellamento direttrici Rivoli-Avigliana e Piossasco-Cumiana, zona ritenuta infestata da partigiani definiti molto attivi, veniva infatti richiesto che la Prefettura del capoluogo piemontese mettesse a disposizione la propria autoblinda.

Il Battaglione d'Istruzione di Polizia, di stanza a Torino, disponeva di un'autoprotetta su telaio SPA di tipo non identificato, probabilmente una costruzione di risulta simile a quella dell'autoblindo della Brigata Nera "Ather Capelli". Questo mezzo fu utilizzato nel giugno del 1944 per presidiare la polveriera di Riovalmaggiore (TO). Purtroppo, non sono note immagini del mezzo e quindi è impossibile ricostruirne la colorazione. Se ne conosce solo la targa: "POLIZIA 006".

Secondo le ricerche svolte da Piero Berta, l'autoblinda sarebbe andata persa il 12 giugno del 1944. Il comandante del presidio della polveriera di Rio Valmaggiore, un tenente, sarebbe stato uso recarsi ogni mattina nel vicino paese di Front Canavese per consumare un caffè in tranquillità, accompagnato da alcuni militi, spostandosi con l'autoblinda in dotazione, che, secondo la descrizione fornita dall'autore, sarebbe stata dotata di una torretta girevole, armata di una mitragliatrice. Il partigiano Piero Piero (al secolo Piero Urati), comandante della locale Brigata Volante "Matteotti", decise di cogliere di sorpresa i militi repubblicani ed il 12 giugno tese un'imboscata sulla via del ritorno, piazzando un autocarro di traverso sulla strada che portava alla polveriera e nascondendo una decina di partigiani nella boscaglia sulla collina dirimpetto il blocco stradale. Il drappello della Polizia si trovò sotto attacco nemico: i militi che marciavano a piedi dietro l'autoblinda furono colti di sorpresa, non riuscirono a reagire e parte di loro morì sotto il fuoco partigiano. L'equipaggio della blindo tentò invece di forzare il blocco. Il partigiano Giorgio Davito saltò sulla torretta dell'autoblindo e minacciò gli occupanti con una bomba a mano, costringendo l'equipaggio ad arrestare il mezzo; il comandante partigiano Piero Piero, dopo avere fatto uscire gli uomini dal mezzo blindato, intimò la resa all'ufficiale repubblicano, minacciandolo di uccidere lui e tutti i suoi uomini. Il Tenente ordinò dunque la resa ai suoi uomini e lasciò anche loro facoltà di arruolarsi nella Brigata "Matteotti", ma solamente uno dei militari repubblicani, si sarebbe unito ai partigiani, mentre tutti gli altri preferirono arrendersi e tornare a casa, come loro concesso dal comandante Piero. Sempre secondo questa ricostruzione l'intero presidio della polveriera si sarebbe arreso, consegnando le armi ai partigiani, che fecero così bottino di armi, munizioni e bombe a mano. L'autoblinda, priva di munizioni, sarebbe stata buttata in una scarpata; nel corso del conflitto a fuoco morì la Guardia Ausiliaria Carmine Scognamiglio[15].

---

15 Secondo altre fonti il presidio si sarebbe invece arreso intorno alle 20.00 dello stesso giorno. Quel giorno alcuni militari del Battaglione d'Istruzione di Polizia sarebbero stati inviati a Riovalmaggiore a presidiare la polveriera, rimasta incustodita in seguito a un attacco partigiano. Rimasti senz'acqua, verso sera i militari avrebbero organizzato una pattuglia per rifornirsi di acqua in paese. La pattuglia sarebbe stata attaccata mentre stava facendo rientro alla polveriera e nel corso del successivo conflitto a fuoco molti Agenti sarebbero rimasti feriti, prima della resa.

La Questura di Roma già dal 1938 aveva costituito un Battaglione Mobile di Pubblica Sicurezza, che era basato presso la caserma del Forte Tiburtino. Il Battaglione, nel quale erano confluiti anche alcuni carristi del 4° Reggimento, dopo lo scioglimento del reparto in seguito agli scontri del settembre 1943, aveva in organico una Compagnia Corazzata dotata di carri L3 ed autoblindo AB41. Il reparto veniva impiegato per compiti di ordine pubblico nella Capitale. All'arrivo degli Alleati, i reparti della Polizia dell'Africa Italiana presenti a Roma si sciolsero ordinatamente, consegnando i propri mezzi alla Polizia, tra cui almeno 11 camionette AS42 Metropolitana.

Caduti

Il dato che balza all'occhio nel censimento dei caduti della Polizia Repubblicana è drammatico. Dagli studi e dalla documentazione disponibile ad oggi, risultano caduti 1.082 agenti dei reparti operativi e 69 funzionari dell'amministrazione di Pubblica Sicurezza, in appena 17 mesi di attività operativa. Molti perirono in conseguenza bombardamenti e mitragliamenti aerei nemici: spesso gli Agenti morirono perché sorpresi dai bombardamenti mentre erano in servizio di ronda o mentre si prodigavano per soccorrere la popolazione colpita dagli attacchi provenienti da cielo. Molti furono vittime di episodi di violenza e di giustizia sommaria, compiuti sia dai partigiani[16] che dai tedeschi, che avrebbero dovuto essere "alleati", ma che spesso non riconoscevano il ruolo e l'autorità della Polizia Repubblicana[17]. Il 6 giugno 1944 la guardia Vittorio Olivieri rinvenne una motocicletta dell'esercito tedesco abbandonata. Mentre si recava a Terni a bordo del motoveicolo, con l'intenzione di riconsegnarla ai militari tedeschi, fu fermato da una pattuglia germanica; nonostante avesse esibito i propri documenti di riconoscimento fu creduto un ribelle e fucilato sul posto. Pochi giorni dopo, l'11 giugno, a Canale Nuovo di Orvieto due soldati tedeschi, assalirono ed uccisero l'Agente Adami Pietro, che prestava servizio presso la Questura di Terni, per rapinarlo del denaro che aveva con sé. Molti Agenti furono passati per le armi nel corso di rappresagli compiute dai nazisti, mentre altri furono catturati nel corso di rastrellamenti dell'esercito tedesco e deportati nei campi di concentramento in quanto sospettati di far parte delle formazioni partigiane, senza poi fare ritorno. Non secondariamente, è necessario tenere presente come la maggior parte degli Agenti in servizio risiedessero nelle proprie abitazioni private e che per raggiungere il luogo di servizio compissero ogni giorno lo stesso percorso, esponendoli a facili agguati da parte dei G.A.P., soprattutto nei pressi dei propri domicili.

Una parte dei caduti della Polizia, non appartenenti ai Reparti Speciali, pagarono con la vita l'aiuto prestato ad ebrei ed a perseguitati politici: lo Yad Vashem di Gerusalemme ha riconosciuto, nel corso degli anni, diversi poliziotti meritevoli del titolo di "Giusto fra le Nazioni".

Lungo il confine orientale, ancora una volta, accanto ai poliziotti caduti nel corso dell'espletamento delle proprie funzioni d'istituto, l'elenco dei caduti si accresce con i nomi di molti agenti le cui vite furono stroncate dalla mano partigiana, già nei giorni immediatamente successivi all'Armistizio. Un esempio su tutti: la guardi di Pubblica Sicurezza Olivieri Antonio, in servizio presso la Questura di Lubiana. Venne dichiarato disperso in un giorno imprecisato successivo all'8 settembre 1943, ma si sa che fu catturato ed immediatamente fucilato per rappresaglia dai partigiani jugoslavi.

infine, molti poliziotti furono uccisi od infoibati dai titini, per avere protetto la popolazione o anche soltanto per il solo fatto di essere italiani.

---

16 Tralasciando i caduti in attività antipartigiana, citiamo un esempio limite che vale per tutti: 15 giovanissime Guardie Ausiliarie della Compagnia della Questura di Modena, dopo aver disertato il 15 giugno 1944 per unirsi al movimento resistenziale, furono trucidati dagli stessi partigiani, nonostante avessero un salvacondotto che garantiva la genuinità della loro scelta.

17 Sono noti casi di Agenti giustiziati perché trovati, mentre svolgevano operazioni in borghese, in abito civile e in possesso dell'arma di ordinanza, nonostante le deroghe loro concesse alle disposizioni di guerra in materia di divieto assoluto di portare armi.

▲ La guardia di Polizia Fulvio Pulcinelli, trucidato dai partigiani titini dietro il cimitero di Spalato e gettato in una fossa comune nel settembre del 1943, mentre rimaneva saldo al suo posto, per garantire il servizio d'istituto.

▲ Agenti di Polizia a Roma in servizio di ordine pubblico. Da notare l'uso del bracciale bicolore con i colori giallo e rosso della Capitale e la scritta "ROMA CITTA' APERTA - POLIZIA" (NARA).

▲ Il Prefetto Tullio Tamburini, Capo della Polizia Repubblicana dall'ottobre 1943 all'aprile 1944.

▲ Il fregio delle mostrine ideate per la Polizia Repubblicana, costituito da un serto di fronde di quercia e di alloro e da un fascio repubblicano, raffigurato in una pubblicazione d'epoca.

QUESTURA REPUBBLICANA DI PADOVA
BANDO DI ARRUOLAMENTO

1.) Sono aperti i seguenti arruolamenti nel personale Ausiliario della Polizia Repubblicana:
   - Funzionari di Polizia - Gruppo A - dal grado XI.
   - Ufficiali del Corpo della Polizia sino al grado di Capitano.
   - Sottufficiali del Corpo della Polizia.
   - Guardie Scelte e Guardie del Corpo della Polizia.

2.) L'età dei concorrenti viene così stabilita:
   - per i Funzionari di Polizia dai 25 ai 40 anni.
   - per gli Ufficiali del Corpo della Polizia dai 20 ai 30 anni.
   - per i Sottufficiali del Corpo della Polizia dai 25 ai 40 anni.
   - per le Guardie Scelte e Guardie del Corpo della Polizia dai 18 ai 30 anni.

3.) Le domande su carta da bollo da L. 8 - indirizzate al Ministero dell'Interno - Direzione Generale della Polizia - dovranno essere presentate a questa Questura corredate dai seguenti documenti e da due fotografie formato tessera:
   a) certificato di nascita.
   b) certificato di buona condotta.
   c) certificato degli studi compiuti (titolo minimo: per i Funzionari iscrizione all'Università od Istituti equipollenti - per gli Ufficiali licenza di Istituti Medi Superiori - per i Sottufficiali e Guardie licenza elementare).
   d) certificato penale.
   e) certificato di sana e robusta costituzione fisica con statura non inferiore ai m. 1.65 rilasciato da un Ufficiale medico dell'Ospedale Militare.
   f) Copia dello Stato di servizio o foglio matricolare militare.
   (Saranno titoli di preferenza quelli di studio e combattentistici).

4.) **Agli assunti sarà corrisposto il trattamento economico identico a quello attualmente vigente per il personale in servizio permanente effettivo. Agli Ufficiali, sottufficiali e guardie verrà attribuito il grado corrispondente a quello rivestito nelle forze armate.**

5.) Il termine per la presentazione della domanda scadrà il 15 giugno p. v.

Padova, 5 Maggio 1944 - XXII.

IL QUESTORE
Col. Nino G. Palmeri

▲ Bando di arruolamento per Agenti Ausiliari della Polizia Repubblicana della Questura di Padova, datato 5 maggio 1944.

PREFETTURA DI VICENZA

ARRUOLAMENTI
per Personale Ausiliario della Polizia Repubblicana

In conformità di disposizioni emanate dal Ministero dell'Interno - Direzione Generale di Polizia - sono aperti arruolamenti, con assunzione immediata, nel seguente personale ausiliario della Polizia Repubblicana:

a) UFFICIALI DEL CORPO DEGLI AGENTI DI P. S.;
b) SOTTUFFICIALI DEL CORPO DEGLI AGENTI DI P. S.;
c) GUARDIE SCELTE E GUARDIE DEL CORPO DEGLI AGENTI DI POLIZIA REPUBBLICANA.

Il trattamento economico sarà identico a quello vigente per il Personale in servizio permanente effettivo, pari a quello delle altre Forze armate dello Stato Repubblicano.

La scelta del personale avverrà per titoli;

Saranno titoli di preferenza quelli di studio, fascisti e combattentisti.

Gli aspiranti devono avere i requisiti seguenti:

1) Età minima di anni 18 compiuti e massima anni 45;
2) Essere di buona condotta morale politica e immune da precedenti penali;
3) Essere fisicamente idoneo allo speciale servizio ed avere statura non inferiore a m. 1,65;
4) Avere conseguito la licenza di 5° elementare.

Le domande dovranno essere redatte su carta da bollo da Lire 8.- e dirette al Ministero dell'Interno - Direzione Generale di Polizia in Roma. Esse dovranno essere presentate o trasmesse alla locale Questura per il tramite dei Commissari Prefettizi dei Comuni della Provincia, corredate dall'atto di nascita o quanto meno di altro documento da cui risulti in modo certo la data di nascita stessa, del certificato penale e dei titoli preferenziali suaccennati.

I concorrenti dovranno essere di sana e robusta costituzione fisica, esenti da malattie costituzionali o da imperfezioni fisiche che possano limitare la idoneità del concorrente al servizio incondizionato di istituto.

A tal fine saranno sottoposti a visita sanitaria.

Il servizio prestato nel Corpo della Polizia Repubblicana vale a tutti gli effetti come servizio di leva e sarà titolo preferenziale per la successiva appartenenza definitiva alla Polizia Repubblicana.

I sottufficiali ed agenti di Polizia ausiliaria potranno fruire di alloggio e vitto in caserma.

Essi saranno assoggettati ad un conveniente periodo di istruzione.

Vicenza, 2 Febbraio 1944 - XXII

IL QUESTORE
T. Col. CESARE LINARI

IL CAPO DELLA PROVINCIA
HUGO DONATI

▲ Un bando similare emesso in questo caso dalla Questura Repubblicana di Vicenza.

▲ Una guardia della Polizia Repubblicana ritratto in atteggiamento scherzoso, in una grande città del nord Italia. Il milite indossa un'uniforme grigioverde perfettamente aderente alle prescrizioni emanate durante la Repubblica Sociale Italiana.

ISPETTORATI DI PUBBLICA SICUREZZA

L'operatività d'istituto dalle Polizia Repubblicana, che si esplicava nella gestione della Pubblica Sicurezza, a protezione delle leggi e della legalità, si svolse attraverso la capillare rete di presidio sul territorio, ereditata nella quasi totalità dalla preesistente struttura della Polizia regia.
Furono costituiti 6 Ispettorati Regionali di Pubblica Sicurezza:
- Ispettorato Regionale di Pubblica Sicurezza Piemonte (sede: Torino - comandante: dottor Federico Rendina - P.d.C. n° 841)
- Ispettorato Regionale di Pubblica Sicurezza Lombardia (sede: Milano - comandante: dottor Domenico Coglitore - P.d.C. n° 795)
- Ispettorato Regionale di Pubblica Sicurezza Liguria (sede: Genova - comandante: dottor Attilio Adinolfi - P.d.C. n° 773)
- Ispettorato Regionale di Pubblica Sicurezza Emilia-Romagna (sede: Bologna - comandante: dottor Filippo Cordara - P.d.C. n° 751)
- Ispettorato Regionale di Pubblica Sicurezza Veneto (sede: Venezia - comandante: dottor Giovanni Tibaldi - P.d.C. n° 853)
- Ispettorato Regionale di Pubblica Sicurezza Venezia Giulia (sede: Trieste - comandante: dottor Ciro Verdiani)

L'intero apparato di Pubblica Sicurezza si articolava poi, in secondo livello sulle Questure, ciascuna in un capoluogo di Provincia; le Questure erano, inizialmente 65, numero che andò gradualmente a ridursi con l'occupazione (o la liberazione) del territorio italiano da parte degli anglo-americani (a titolo d'esempio, nell'ottobre del 1944 le questure erano 36)[18]:

Piemonte
- Questura di Torino – 2.552 uomini (1.324 effettivi, 1.115 ausiliari e 113 richiamati)
- Questura di Alessandria – 411 uomini (87 effettivi e 324 ausiliari)
- Questura di Aosta – 205 uomini (50 effettivi e 155 ausiliari)
- Questura di Asti – 519 uomini (49 effettivi e 470 ausiliari)
- Questura di Cuneo – 216 uomini (85 effettivi e 131 ausiliari)
- Questura di Novara – 967 uomini (98 effettivi e 869 ausiliari)
- Questura di Vercelli – 322 uomini (56 effettivi, 258 ausiliari e 8 richiamati)

Lombardia
- Questura di Milano – 2.802 uomini (1.522 effettivi e 1.280 ausiliari)
- Questura di Bergamo – 303 uomini (69 effettivi e 234 ausiliari)
- Questura di Brescia – 528 uomini (195 effettivi e 333 ausiliari)
- Questura di Como – 828 uomini (180 effettivi e 648 ausiliari)
- Questura di Cremona – 193 uomini (50 effettivi, 139 ausiliari e 4 richiamati)
- Questura di Mantova
- Questura di Pavia – 277 uomini (56 effettivi, 215 ausiliari e 6 richiamati)
- Questura di Sondrio – 61 uomini (47 effettivi e 14 ausiliari)
- Questura di Varese – 591 uomini (78 effettivi, 507 ausiliari e 6 richiamati)

---

18 Laddove se ne conosce il dato, è stata indicata la consistenza degli uomini in carico a ciascuna Questura; i dati provengono da uno specchio privo di data, ma probabilmente risalente all'autunno del 1944 e, per questo motivo, risultano disponibili le consistenze numeriche degli Enti attivi nel territorio ancora in mano alla Repubblica Sociale Italiana. Per le Questure della Venezia Giulia i dati sono riferiti al mese di ottobre del 1944.

Liguria
- Questura di Genova – 1.659 uomini (1.068 effettivi, 487 ausiliari e 104 richiamati)
- Questura di Imperia – 386 uomini (189 effettivi, 187 ausiliari e 10 richiamati)
- Questura di La Spezia
- Questura di Savona – 262 uomini (55 effettivi, 195 ausiliari e 12 richiamati)

Veneto
- Questura di Venezia
- Questura di Padova – 641 uomini (130 effettivi, 450 ausiliari e 61 richiamati)
- Questura di Rovigo – 309 uomini (55 effettivi, 240 ausiliari e 15 richiamati)
- Questura di Treviso – 335 uomini (84 effettivi, 220 ausiliari e 31 richiamati)
- Questura di Verona – 578 uomini (210 effettivi, 340 ausiliari e 28 richiamati)
- Questura di Vicenza – 380 uomini (110 effettivi, 260 ausiliari e 10 richiamati)

Venezia Giulia
- Questura di Trieste - 1.194 uomini (340 effettivi, 810 ausiliari e 44 richiamati)
- Questura di Fiume - 207 uomini (85 effettivi, 1100 ausiliari e 12 richiamati)
- Questura di Gorizia - 453 uomini (86 effettivi, 340 ausiliari e 27 richiamati)
- Questura di Pola - 250 uomini (110 effettivi, 140 ausiliari e 10 richiamati)
- Questura di Udine - 407 uomini (115 effettivi, 260 ausiliari e 42 richiamati)
- Questura di Zara

Dopo l'Armistizio, risultava attiva anche la Questura di Lubiana, ma poi la Provincia passò in breve tempo sotto diretto controllo germanico e le istituzioni italiane furono di fatto cancellate. Stessa sorte subirono le Questure di Spalato e Cattaro.

Emilia
- Questura di Bologna
- Questura di Ferrara
- Questura di Forlì
- Questura di Modena
- Questura di Parma
- Questura di Piacenza
- Questura di Ravenna
- Questura di Reggio Emilia

Marche
- Questura di Ancona
- Questura di Ascoli Piceno
- Questura di Macerata
- Questura di Pesaro

Toscana
- Questura di Firenze
- Questura di Apuania
- Questura di Grosseto
- Questura di Livorno
- Questura di Lucca

- Questura di Pisa
- Questura di Pistoia
- Questura di Siena

Abruzzi
- Questura di L'Aquila
- Questura di Chieti
- Questura di Pescara
- Questura di Teramo

Umbria
- Questura di Perugia
- Questura di Terni

Lazio
- Questura di Roma
- Questura di Frosinone
- Questura di Littoria
- Questura di Rieti
- Questura di Viterbo

Da questo elenco si evince come il personale ausiliario, cioè quello di leva, era in maggioranza rispetto al personale effettivo: dai dati riportati risulta infatti che nell'autunno del 1944 gli effettivi erano 7.883, gli ausiliari 12.681 ed i richiamati 695, per un totale di 21.259 poliziotti. L'estensione territoriale della R.S.I. subì continue restrizioni, in funzione dell'avanzata degli Alleati e, di conseguenza, anche gli enti territoriali della Polizia Repubblicana andavano a ridursi a seguito di questa situazione. La maggior parte degli uomini in forza alle Questure continuò però la propria attività anche dopo l'arrivo degli Anglo – Americani, consentendo di continuare a fornire assistenza alla legalità, poiché si trattava di uomini non erano stati coinvolti nella guerra contro i partigiani, contrariamente a chi, invece, era stato impiegato proprio nella repressione antipartigiana, che tentò di defilarsi prima che gli Alleati prendessero posizione.

Ogni Ispettorato disponeva, nel capoluogo di Regione, di un Battaglione di Polizia Ausiliaria, mentre, ciascuna Questura disponeva di un'unità strutturata militarmente corrispondente ad una Compagnia (Compagnia di Polizia Ausiliaria): queste unità dovevano espletare compiti di ordine pubblico. I reparti della Polizia Ausiliaria parteciparono anche ad operazioni antipartigiani, come ad esempio l'operazione "Avanti" in Valdossola (9 – 23 ottobre 1944) e la rioccupazione di Alba (2 novembre 1944), a cui prese parte il Battaglione di Polizia Ausiliaria di Torino.

Quasi sicuramente elementi delle Questure e dei reparti combattenti della Polizia Repubblicana provenivano dalle disciolte Squadre d'Azione, costituite dalle Federazioni del Partito Fascista Repubblicano alla fine del 1943. Si trova traccia di questa provenienza in una circolare emanata dal Segretario dello stesso P.F.R. Alessandro Pavolini il 22 gennaio 1944, nella quale forniva delle indicazioni utili allo scioglimento delle Squadre d'Azione, ordinandone l'assorbimento nelle formazioni autonome della Guardia Nazionale Repubblicana. Al punto 2 della circolare, diramata a Capi Provincia, Commissari Federali, Questori e Comandanti Provinciali della Guardia Nazionale Repubblicana si legge infatti:

"2. [...] *potranno individualmente passare alla Polizia Repubblicana quegli elementi che siano particolarmente adatti per i compiti svolti dalla Questura e che ne facciano domanda. Resta inteso*

che questi ultimi, una volta ammessi nella Polizia, debbono risultare a tutti gli effetti quali agenti di Pubblica Sicurezza in modo che le operazioni da essi compiute siano agli occhi della cittadinanza e di chiunque operazioni di Polizia, indipendentemente dalla qualità di iscritti al P.F.R. di questi agenti".
Subito dopo avere assunto il comando della Polizia Repubblicana, il Generale Montagna inviò nel novembre a tutte le Questure delle disposizioni che avevano lo scopo di contenere ogni abuso all'atto di sequestri o perquisizioni, per restituire alla popolazione fiducia nell'attività degli organi di polizia e sicurezza dei propri averi e della inviolabilità domiciliare:

1) *Alle perquisizioni domiciliari e personali ed ai sequestri si procederà, in flagranza dei reati, con l'assistenza di un ufficiale di Polizia giudiziaria. Dovrà quindi essere presente, o un ufficiale del Corpo degli agenti di Polizia o un commissario o un vicecommissario. Solo in mancanza ed eccezionalmente tali operazioni saranno svolte con l'assistenza di un sottufficiale.*
2) *In tutti i casi di perquisizioni domiciliari o di sequestri saranno stesi i relativi verbali con l'assistenza delle persone interessate ed in loro assenza dovranno chiamarsi persone idonee a testimoniare.*
3) *Tutti i portieri degli stabili dovranno essere diffidati a tenere affisso alle portinerie un elenco con i numeri telefonici della Questura e degli uffici di Polizia più vicini.*
4) *I portieri dovranno, non appena che gli agenti si presentino negli stabili per procedere ad atti di polizia, immediatamente informare la Questura o gli uffici di Polizia più vicini dell'arrivo di detti agenti o di persone che per tali si qualificano;*
5) *Gli ufficiali e gli agenti di Polizia i quali debbono eseguire una qualsiasi operazione di polizia dovranno, prima di iniziarla, esibire alle persone contro cui procedono i documenti comprovanti la loro qualità;*
6) *Gli arrestati a seguito di operazioni di polizia possono soltanto essere depositati nelle carceri giudiziarie e gli organi operanti debbono portare a conoscenza del Questore o del commissario locale l'avvenuto arresto ed i suoi motivi;*
7) *I contravventori a queste disposizioni, che sono prese in relazione alle leggi, saranno denunciati all'autorità competente, salvo i provvedimenti amministrativi nei loro rispetti.*

Anche la struttura della Pubblica Sicurezza fu assoggettata al controllo tedesco e spesso obbligata a recepire ed eseguire ordini emanati dalle autorità tedesche, senza possibilità di rifiutarsi, se non a caro prezzo.

Molti appartenenti alla struttura di Pubblica Sicurezza vissero il periodo della Repubblica Sociale in un costante stato d'animo dominato dalla paura di essere uccisi in servizio. Questo pericolo era percepito da ogni direzione: si poteva morire per mano di un fascista esagitato (i rapporti tra il regime di Salò e la Pubblica Sicurezza erano spesso inquinati da una malcelata mancanza di fiducia reciproca) o di un militare tedesco, sia per mano di un partigiano (che identificava il poliziotto come un rappresentante dell'odiato regime), sia, a guerra finita, per mano di qualche "tribunale del popolo", che mandò al muro non pochi agenti sospettati di collusione con fascismo repubblicano. Nonostante ciò, la Pubblica Sicurezza continuò ad operare espletando i propri compiti d'istituto e moltissimi poliziotti adempirono al proprio dovere con la massima abnegazione.

La situazione nelle Zone d'Operazioni tedesche

Particolarmente drammatica fu la situazione delle Questure delle Province ricadute sotto l'egida tedesca nella Zona d'Operazioni del Litorale Adriatico (O.Z.A.K., Operationszone Adriatisches Küstenland), cioè Udine, Gorizia, Trieste, Pola e Fiume, nella Zona d'operazioni delle Prealpi (O.Z.A.V.,

Operationszone Alpenvorland), cioè Bolzano, Trento e Belluno, nella Provincia di Lubiana (Provinz Laibach) e nelle Provincie di Zara, Spalato e Cattaro. Anche in queste Questure rimasero in servizio centinaia di agenti e funzionari, nonostante le resistenze tedesche, che prestarono giuramento alla R.S.I., la maggior parte dei quali con la convinzione di doversi adoperare per continuare a difendere i cittadini e la legalità, anche contro le ingerenze tedesche e le mire titine nella regione. I massimi funzionari non sempre mantennero la posizione di comando: in alcune questure, come a Gorizia ad esempio, rimase in carica il questore di nomina pre-armistiziale, mentre in altre, come Udine venne nominato il questore da parte delle autorità repubblicane, probabilmente in sostituzione di un elemento ritenuto politicamente poco affidabile. A Spalato, Lubiana e Cattaro le Questure furono invece soppresse, mentre, come vedremo tra poco, a Zara la Polizia andò incontro ad un destino particolare. Da sottolineare quanto accaduto a Spalato nei giorni susseguenti l'Armistizio: l'Esercito, dopo avere tentato di difendere la città dalla presenza titina, cedette i propri poteri ai partigiani di Tito, che catturarono la maggior parte degli uomini in forza alla Questura ad al carcere. I Carabinieri, invece, rimasti compatti ed in armi, in un primo tempo parteciparono alla resistenza contro gli slavi, salvo poi costituire il Battaglione "Garibaldi", che fu impegnato contro le Camice Nere che difendevano la fortezza di Klis, situata nell'entroterra.

Le Questure "sopravvissute" in queste aree operarono in un clima di sola formale collaborazione con le autorità tedesche, minato dai tentativi via via sempre più pressanti di inglobare in maniera definitiva questi territori nel Reich germanico.

Purtroppo, i tragici eventi bellici che colpirono la Venezia Giulia, l'Istria ed il Carnaro hanno quasi completamente cancellato ogni tracia documentale dell'attività di questi uomini e, di conseguenza, le informazioni reperibili sono veramente frammentarie e ridotte. A Gorizia, ad esempio, il 1° maggio 1945, a guerra ormai conclusa, i titini occuparono la città ed iniziarono a compiere un rastrellamento sistematico della popolazione locale, in cerca di elementi che erano contrari al regime di Tito. Al termine dei 40 giorni di occupazione della città si contarono 665 i cittadini deportati nei campi di concentramento jugoslavi e tra di essi decine e decine furono gli agenti di Pubblica Sicurezza, percepiti come veri e propri nemici del regime, incarnazione dell'autorità statale italiana.

La Questura di Zara

Un approfondimento particolare meritano le vicende della Questura e del Battaglione Mobile di Polizia di Zara. Dopo l'armistizio gli agenti della Questura e del Battaglione Mobile di Polizia, circa 300 uomini, decisero di rimanere al loro posto, nonostante la terribile situazione che si era creata nella città dalmata. Gli Agenti e gli ufficiali garantirono i servizi di ordine pubblico per tutto l'autunno-inverno del 1943/'44, quando Zara subì intensi bombardamenti alleati, che causarono la morte di migliaia di civili ed ingenti danni materiali alla città. In seguito a questi eventi i vertici della Questura zaratina e la maggior parte dei subalterni abbandonarono la città. Poco più di una ventina di Agenti rimase a Zara, mettendosi a disposizione del Prefetto Vincenzo Serrentino, prodigandosi nel soccorso degli sfollati e dei senzatetto e cercando di opporsi ai tentativi di saccheggio della città, che venivano reiterati dagli abitanti delle isole vicine.

Nel corso del 1944 le sedi della Questura e della Prefettura furono riorganizzate alla periferia della città e gli Agenti, nonostante il loro esiguo numero, dovettero spendersi senza sosta per difendere l'italianità della città sia dalle sopraffazioni tedesche, sia dalle infiltrazioni degli Ustascia (che furono cacciati da Zara nel luglio 1944 solo grazie all'intervento armato degli Agenti della Polizia), sia, infine, dagli attacchi dei partigiani jugoslavi.

Nell'agosto 1944 gli elementi della Polizia zaratina furono accusati dalle autorità tedesche di avere fornito armi ai partigiani jugoslavi e, di conseguenza, messi agli arresti. Gli Agenti furono liberati solo con l'intervento pressante del Prefetto Serrentino, ma i tedeschi sequestrarono le armi, le munizioni, gli automezzi e persino oggetti corpo di reato depositati presso la Questura.

Alla fine di ottobre del 1944 i tedeschi abbandonarono Zara, lasciando di fatto campo libero ai partigiani jugoslavi. Quando questi ultimi entrarono in città arrestarono tutti gli appartenenti all'amministrazione statale italiana, compresi i Carabinieri e gli agenti della Polizia, che furono tradotti, insieme ad alcune decine di civili, sull'isola di Ugliano per essere fucilati. I Carabinieri furono catturati nonostante avessero preso parte all'organizzazione della Resistenza italiana ed avessero tessuto trame di collaborazione con i partigiani jugoslavi, con i quali avevano stretto un accordo per la salvaguardia della sicurezza cittadina. Uno degli agenti, la Guardia Luigi Nigro, riuscì a liberarsi e a cogliere di sorpresa e disarmare uno dei carcerieri gesto purtroppo inutile, ma che permise ad altri poliziotti prigionieri di tentare di mettersi in salvo gettandosi in mare. I partigiani titini spararono raffiche di mitragliatrice contro i fuggitivi e solo la Guardia Alessandro Bertini riuscì a scappare. La Guardia Bertini e la Guardia Francesco Ragaglia, evaso dopo essere stato arrestato dai tedeschi in agosto per timore di essere deportato in Germania, sono gli unici due superstiti noti della Questura di Zara.

▲ Il generale Renzo Montagna, ultimo comandate della polizia Repubblicana, qui fotografato prima dell'Armistizio con l'uniforme della Milizia Volontaria Sicurezza Nazionale.

▲ Il capitano Giovanni Battista Polga, comandante del Battaglione di Polizia Ausiliaria di Vicenza, che si distinse per la ferocia nella repressione antipartigiana.

▲ Il feretro del capitano Polga lascia la caserma del Comando Battaglione Agenti di Polizia Ausiliaria di Verona. Polga era stato ucciso nel corso di un'imboscata il 28 novembre 1944, dopo essere stato condannato a morte dal C.L.N., per la sua cruda condotta antipartigiana.

▲ Il picchetto d'onore della Polizia Ausiliaria di Vicenza durante i funerali del capitano Polga il 30 novembre 1944. Si osservi come gli Ausiliari indossino l'elmetto metallico M33, mentre i due funzionari che aprono il corteo abbiano l'alta uniforme della Polizia.

▼ Denuncia di possesso di una bicicletta, resa il 15 novembre 1944 al Commissariato di Polizia di Legnano, dipendente dalla Questura di Milano, da parte di Franco Pensotti, noto industriale lombardo. All'epoca era obbligatorio effettuare denuncia del possesso delle biciclette al più vicino Commissariato di Polizia (Crippa).

▲ Appartenente alla Polizia Repubblicana, probabilmente di un Battaglione Ausiliario: da notare le mostrine rosse con i peculiari fasci con alloro e la giubba modello "paracadutista" (Crippa).

▲ Scambio di prigionieri tra partigiani e forze italo – tedesche durante gli scontri in Val d'Ossola nell'ottobre 1944. Sulla destra della fotografa si notano alcuni Agenti Ausiliari della Polizia Repubblicana.

▼ Un nutrito gruppo di Agenti Ausiliari della Polizia Repubblicana, fotografati in Val d'Ossola, al termine dell'"Operazione "Avanti" dell'ottobre 1944 (Arena).

▲ Guardia del Battaglione Agenti di polizia Ausiliaria di Verona: la fotografia permette di apprezzare i dettagli dell'uniforme e l'uso della bandoliera, risalente al periodo antecedente all'Armistizio.

▲ L'Agente di Polizia Tidona Giorgio, fucilato l'8 Novembre 1944 dai partigiani jugoslavi sull'isola di Ugliano, nell'arcipelago delle Isole Incoronate di fronte a Zara, insieme alla maggior parte degli agenti appartenenti alla Questura zaratina.

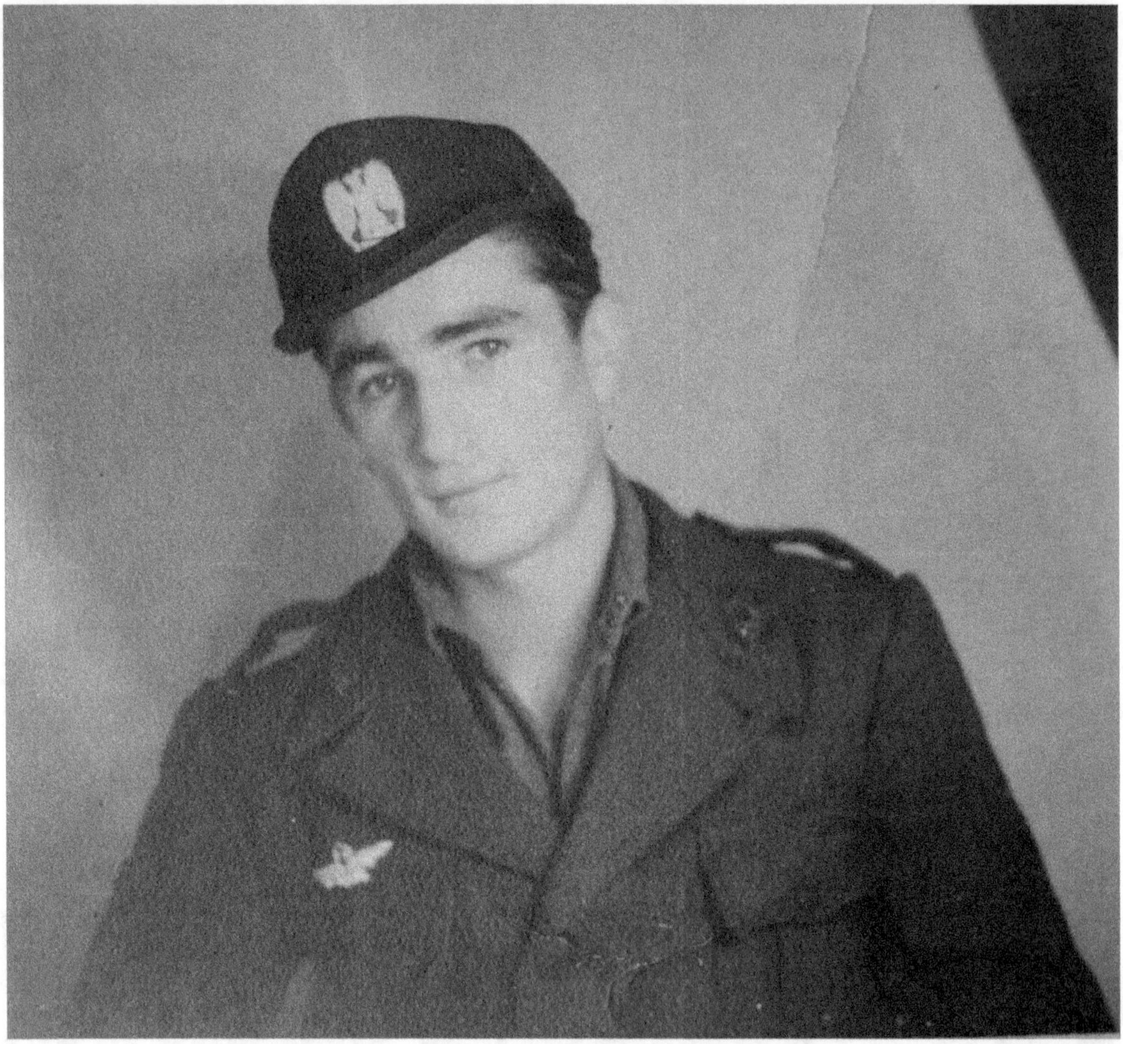

▲ Ritratto di un agente della Polizia Repubblicana: si notano il fregio da berretto ed il distintivo da petto, entrambi ricamati in filo su panno.

▼ Carta intestata della Questura di Bologna.

POLIZIA REPUBBLICANA

QUESTURA DI BOLOGNA

Prot. N. 2191 Div. II^

Risposta a nota N. ..... Addì 15 Febbraio 1945 - Anno XXIII

del ..... 19..

Allegati N. I

OGGETTO Moggi Orlando fu Luigi- qui abitante in via Delle Fragole 5

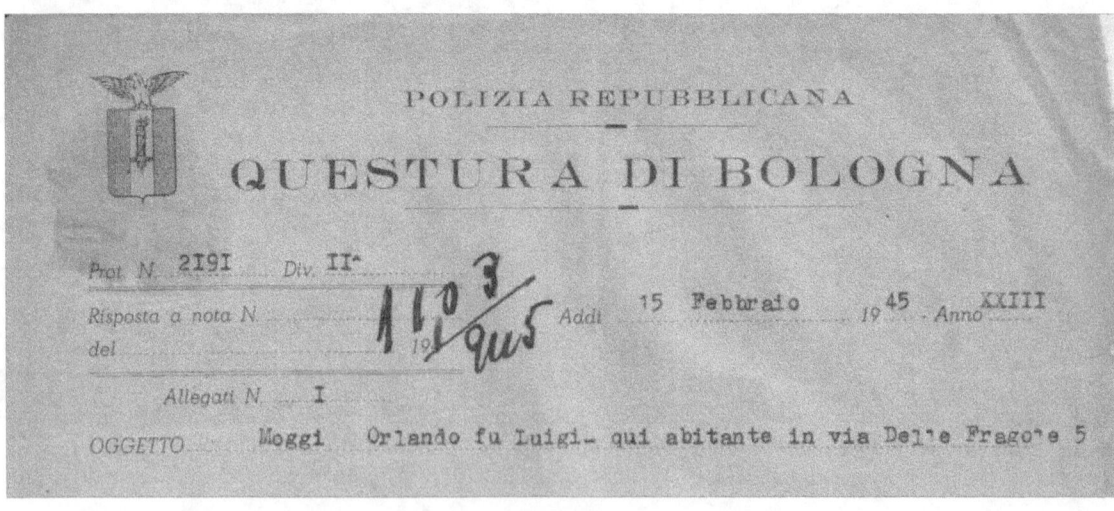

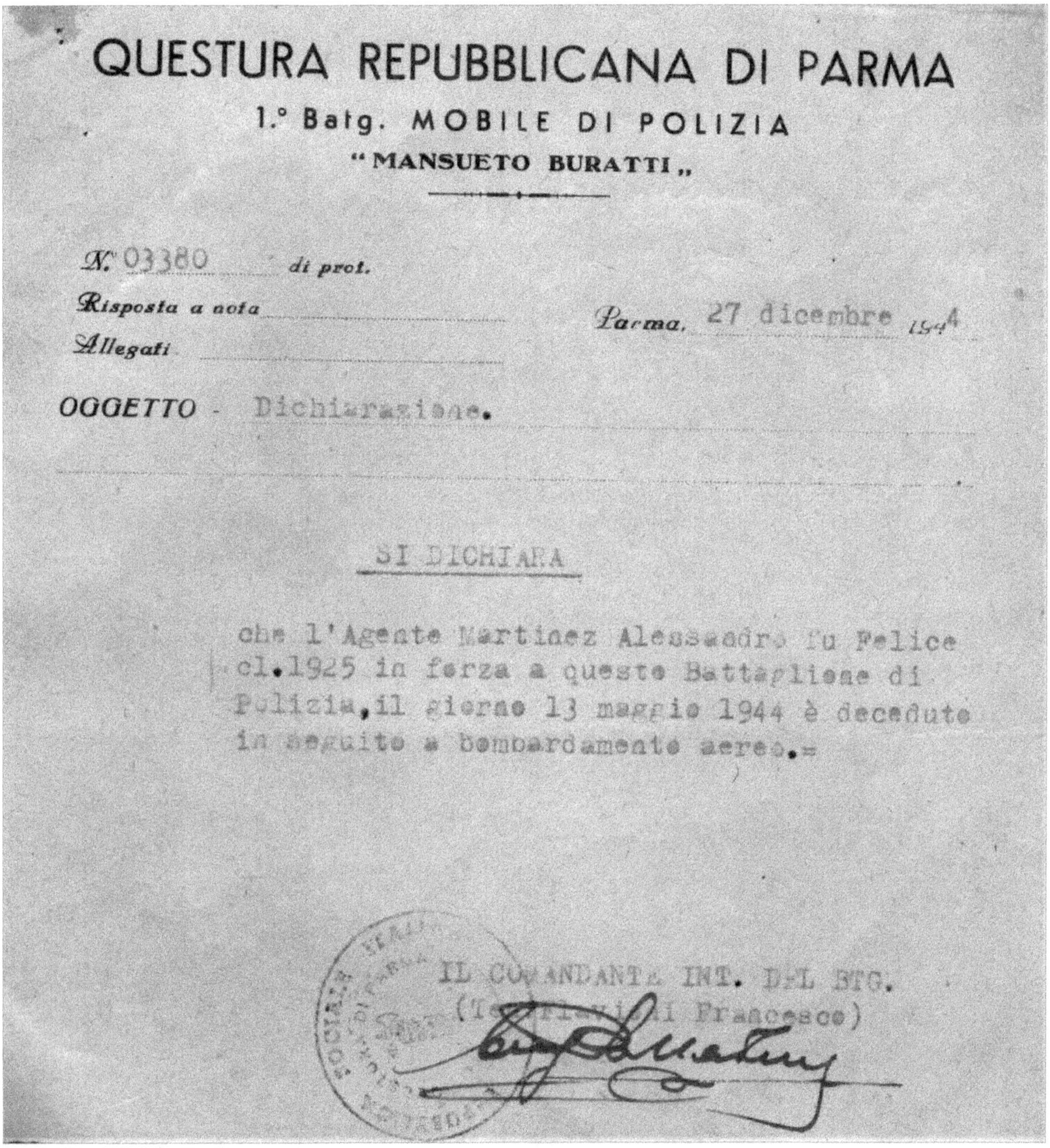

QUESTURA REPUBBLICANA DI PARMA
1.° Batg. MOBILE DI POLIZIA
"MANSUETO BURATTI"

N.° 03380 di prot.
Risposta a nota
Allegati

Parma, 27 dicembre 1944

OGGETTO - Dichiarazione.

SI DICHIARA

che l'Agente Martinez Alessandro fu Felice cl.1925 in forza a questo Battaglione di Polizia, il giorno 13 maggio 1944 è deceduto in seguito a bombardamento aereo.=

IL COMANDANTE INT. DEL BTG.
(Tenente Di Francesco)

▲ Dichiarazione di morte di un Agente del 1° Battaglione Mobile di Polizia "Mansueto Buratti" della Questura di Parma, caduto durante un bombardamento aereo.

▲ Carri armati L3 del Battaglione Mobile della Polizia di Roma nella primavera del 1944: si nota la mimetizzazione e lo stemma della Polizia sul carro in primo piano. Molti uomini e mezzi provenivano dal 4° Reggimento Carristi (Parri).

▼ Carristi del disciolto 4° Reggimento Fanteria Carrista aggregati al Battaglione Mobile di Pubblica Sicurezza di Roma, fotografati nella primavera del 1944. Al centro, con la bustina, il Tenente Raffaello Parri, distintosi negli scontri a Porta San Paolo, che, mentre era in servizio nella Polizia, aderì alle formazioni clandestine militari della Resistenza romana (Parri).

FORZE ARMATE DI POLIZIA

Nella struttura della Polizia Repubblicana furono raggruppati reparti antiguerriglia, organizzati secondo l'organico militare, e reparti di Polizia Speciale sotto la denominazione di Forze Armate di Polizia, sempre dipendenti dal Ministero dell'Interno.

Il Comando delle Forze Armate di Polizia inizialmente era dislocato in provincia di Brescia, a Vobarno, ma fu presto trasferito nel capoluogo lombardo, a Milano, ed era guidato dal Prefetto Pier Luigi Pansera, mentre il Tenente Colonnello Guzzardi fungeva da Capo di Stato Maggiore.

Il Comando era articolato su:

- Quartier Generale – comandante Capitano Alessandro Comoni
- Intendenza – comandante Tenente Generale Italo Romegialli
- Autoreparto (in via Castelvetro 30)

tutti dislocati a Milano.

Dal Comando dipendevano una serie di reparti: 6 Battaglioni Autonomi, la Legione Autonoma di Pubblica Sicurezza "San Giusto", la Legione Arditi di Polizia "Pietro Caruso", l'Ispettorato Speciale Polizia Anti Partigiani (I.S.P.A.) e la Legione Autonoma Mobile "Ettore Muti", oltre a vari Reparti Autonomi Speciali.

Battaglioni Autonomi di Polizia

Questi Battaglioni erano stati organizzati secondo l'organico militare, raccogliendo i volontari che affluirono costantemente tra i ranghi della Polizia. A questi Battaglioni furono affidati compiti di protezione delle infrastrutture, delle linee elettriche e delle ferrovie; i reparti dislocati nella Pianura Padana furono incaricati anche di presidiare e proteggere le operazioni di trebbiatura. Di norma i Battaglioni erano operativi a livello di Compagnia, sotto il controllo dei Comandi tedeschi, ma in realtà ebbero forza ridotta e, in alcuni casi, ebbero una posizione particolare rispetto alle autorità germaniche (come il 2° Battaglione). I Battaglioni erano dotati di armamento leggero, tipico della fanteria: pistole, moschetti modello 91, MAB 38, mitragliatrici 8 mm Breda e FIAT, bombe a mano. Nella documentazione questi Battaglioni sono indicati sia come Battaglioni Autonomi della Polizia Repubblicana sia, secondo la denominazione tedesca, come Freiwilligen Polizei Battailon Italia (Battaglioni Italiani di Polizia).

1° Battaglione Autonomo di Polizia

Era dislocato a Padova al comando del Tenente Colonnello Felice Fiorentini (trasferito poi al comando del 2° Battaglione); non sono state reperite ulteriori informazioni.
Secondo alcune fonti[19] era denominato "Litorale Adriatico".

2° Battaglione Autonomo di Polizia

Dislocato a Broni, in provincia di Pavia, fu comandato dal Tenente Colonnello Alberto Guido Alfieri fino al 30 giugno 1944, poi dal Colonnello Felice Fiorentini, sino al 3 marzo 1945 ed infine dal Capitano Pier Alberto Pastorelli. Noto anche come "Banda Fiorentini" o "Banda Alfieri – Fiorentini", aveva una dipendenza diretta dalla SD tedesca, che aveva necessità di reparti fidati da impegnare nella lotta contro i partigiani, sia in operazioni armate che in attività d'intelligence.

---

19 Carlo Cucut, "Le Forze Armate della R.S.I. sul confine orientale – settembre 1943 – maggio 1945", opera citata in bibliografia.

3° Battaglione Autonomo di Polizia

Fu costituito a Roma nei giorni successivi all'Armistizio, dapprima come Plotone e poi come Compagnia, venendo impiegato con compiti di Polizia militare nei dintorni della Capitale, ma fu sciolto dopo il rifiuto da parte degli effettivi di indossare uniformi tedesche.

Il Battaglione fu (ri)costituito nel marzo del 1944 e fu trasferito a Macerata, dove integrò con presidi esterne alcune caserme dei Carabinieri. Dopo lo sfondamento del fronte, il Battaglione ripiegò a Bagnacavallo (RA) e, nel giugno del 1944, il Comando, retto dal Capitano Giovani Gorga, prese sede a Castelfranco Emilia. La struttura definitiva assunta dal Battaglione fu:

- Comando
- Compagnia Comando
- 1ª Compagnia
- 2ª Compagnia
- 3ª Compagnia
- 4ª Compagnia

Oltre ad essere impiegato a protezione dei lavori di trebbiatura, il 20 agosto fu dislocato a presidio della linea ferroviaria Bologna – Verona. Durante l'inverno il Battaglione subì numerose perdite a causa di imboscate da parte di bande partigiane operanti nella zona, rimanendo sulle proprie posizioni sino all'insurrezione partigiana dell'aprile 1945.

Altre fonti[20] indicano che il Battaglione fu inizialmente dislocato a Vercelli, per essere poi spostato nell'Italia centrale sull'Appennino tosco-romagnolo e successivamente a Nord di Bologna; negli ultimi mesi del conflitto sarebbe stato schierato in Friuli ed assorbito dal 1° Battaglione.

4° Battaglione Autonomo di Polizia

Era dislocato a Treviso; non sono state reperite ulteriori informazioni.
Altre fonti lo danno di stanza a Torino.

5° Battaglione Autonomo di Polizia

Il Battaglione operò principalmente a Gorizia e nella sua provincia, con compiti di scorta alle autocolonne e di protezione dei cantieri che realizzavano strutture difensive o che riattavano fortificazioni sabotate dai partigiani titini. Il 5° Battaglione fu l'unico ad essere impiegato anche in operazioni belliche, poiché fu schierato, soprattutto nel Carso Goriziano (Biglia, Merna, Monte San Gabriele, Lippa di Comeno, Moncorona e da febbraio del 1945 anche a Bretto di Mezzo, Jamiano, Castagnevizza, Doberdò), a difesa dei confini dalle infiltrazioni slave e per questo motivo subì forti perdite: i caduti furono almeno una novantina, di cui 37 identificati, su un organico di circa 400 uomini. Il reparto rimase in armi fino alla fine di aprile del 1945.

Altre fonti lo danno (erroneamente) di stanza a Treviso.

6° Battaglione Autonomo di Polizia

Era dislocato a Mestre (VE); non sono state reperite ulteriori informazioni.

Legione Autonoma di Pubblica Sicurezza "San Giusto"

Reparto di stanza a Trieste, citato in alcune pubblicazioni, di cui non si hanno ulteriori informazioni.

---

20 Carlo Cucut, "Le Forze Armate della R.S.I. sul confine orientale – settembre 1943 – maggio 1945", opera citata in bibliografia.

Legione arditi di Polizia "Pietro Caruso"

La Legione Arditi di Polizia "Pietro Caruso"[21] fu costituita a Milano il 26 novembre del 1944, alle dipendenze del Ministero dell'Interno: si trattava di un reparto formato quasi esclusivamente da giovanissimi agenti, alcuni dei quali addirittura minorenni, con compiti esclusivi di tutela dell'ordine pubblico, con connotazioni molto simili a quelle degli odierni Reparti Mobili, intitolata al Tenente Colonnello Pietro Caruso. Ne "Il Popolo del Friuli" di lunedì 27 novembre 1944 si trova un articolo che descrive brevemente la cerimonia di costituzione del reparto:

"Il generale Montagna costituisce la Legione Arditi della Polizia "P. Caruso".
Milano, 27 novembre.
In un cortile della Questura il Capo della Polizia generale Montagna ha tenuto rapporto ai funzionari ed agli agenti.
Dopo aver passato in rassegna i vari reparti, il generale Montagna ha dettato le direttive da seguire nel delicato compito affidato alla Polizia.
Al rapporto presenziava un reparto con musica della Legione Autonoma "Ettore Muti".
Successivamente il generale Montagna ha dichiarato costituita la Legione Arditi della Polizia "Pietro Caruso" il cui primo reparto ha poi sfilato per le vie della città destando viva ammirazione per il marziale impeccabile comportamento".

Il cui comandante della Legione era il Tenente Colonnello Luigi Gemma, aiutante maggiore in prima il Tenente Roncisvalle. In un documento del 20 dicembre 1944 si rileva che la Legione, che contava sugli effettivi di una Compagnia, più servizi, era appena stata costituita e stava organizzando la propria sede nella città lombarda, alle dirette dipendenze dal Capo della Polizia.

Uno degli episodi più cupi (ma anche misteriosi) della breve storia delle Legione fu senz'altro la fucilazione di 9 partigiani meneghini, avvenuta il 14 gennaio 1945 presso il Campo "Mario Giurati", un campo sportivo tuttora esistente a Milano. I nove giovanissimi del quartiere di Porta Romana erano accusati di avere aderito alla Brigata partigiana del Fronte della Gioventù e furono condannati a morte il 12 gennaio: non tutti avevano compiuto diciotto anni ed il più vecchio ne aveva 21. La fucilazione viene però considerata una rappresaglia per un attentato compiuto la sera presso un ritrovo delle forze armate in via Ponte Vetero. L'attacco, compiuto dal comandante del III G.A.P. di Milano, Giovanni Pesce e dalla gappista Maria Selvetti (nome di battaglia "Lina"), aveva causato la morte di 2 tedeschi e di 8 italiani. La "Caruso" fu scelta dal Questore Larice per fornire il plotone d'esecuzione. Secondo Larice presenziò all'esecuzione della sentenza, ma qualcosa andò storto. Dopo la prima scarica, solo uno dei condannati era morto, mentre gli altri otto erano rimasti illesi o feriti, perché gli agenti del plotone avevano sparato in alto ed in basso. Secondo Larice andò su tutte le furie, colpì con un pugno all'Ardito Davide Dalla Chiesa, poiché lo aveva chiaramente visto sparare in aria, e fece una terribile sfuriata contro i componenti del plotone, additandoli come vigliacchi e traditori A questo punto Larice diede ordine al Sottotenente Andrea Di Martino (in alcune fonti indicato anche come De Martino), comandante del plotone, di sparare il colpo di grazia agli 8 condannati ancora vivi. Il Sottotenente ventiquattrenne, inorridito dall'ordine ricevuto, fu brutalmente spinto da Larice a sparare ben 21 colpi di grazia: *"Lo aveva incitato alla esecuzione con la voce e con gli atti, spingendolo e guidandogli la mano che impugnava la pistola"*[22].

---

21 Pietro Caruso fu Questore di Roma sotto l'occupazione tedesca, sino al 4 giugno 1944. Durante la Repubblica Sociale, era stato al comando della 3ª Legione Portuaria a Trieste sino al gennaio 1944, dove si occupò anche di organizzare il sequestro dell'oro agli ebrei locali. Dopo aver conosciuto Tullio Tamburini, nuovo Capo della Polizia, che lo nominò Questore di Verona, carica che mantenne solo una quindicina di giorni per dirigere l'ordine pubblico in occasione del "processo di Verona". Sempre per interessamento di Tamburini, fu destinato alla Questura di Roma. Fu coinvolto nella redazione della lista dei 50 nomi di prigionieri che Herbert Kappler richiede agli italiani in seguito all'attentato di Via Rasella. Condannato a morte per il suo coinvolgimento nei fatti delle Fosse Ardeatine, fu giustiziato il 22 settembre 1944.
22 Dagli atti del processo al Questore Secondo Larice.

Al termine della guerra, Larice fu messo sotto processo e, tra i vari capi d'imputazione vi fu proprio l'esecuzione di Campo "Giurati". Tutti i componenti del plotone di Campo "Giurati" furono rinviati a giudizio, perché furono rapidamente identificati pochi giorni dopo la fine della guerra grazie alla testimonianza di Giuseppe Facchini. Questi, Brigadiere di Polizia, era un infiltrato partigiano all'interno della Legione "Caruso". Il Tribunale Militare Straordinario di Guerra di Milano assolse Della Chiesa, proprio grazie al pugno ricevuto dal Larice, mentre Di Martino fu condannato a morte per avere comandato il plotone e per avere sparato i colpi di grazia, sentenza eseguita il 22 maggio 1945 proprio nel Campo "Giurati"[23].

Nonostante la breve vita, il reparto lamentò numerosi caduti. Il 31 gennaio 1944 scomparve da Rho (MI) l'Ardito Michele dalla Vedova, che fu ufficialmente dichiarato disperso a partire dalla medesima data: con ogni probabilità fu catturato e soppresso dai partigiani.

Il 1° febbraio 1945 la Legione subì l'attacco più sanguinoso, che provocò tre morti ed un ferito. Nel corso della notte un gruppo di malviventi assaltò un posto di blocco in via Gallarate, giungendo sul posto a bordo di un'automobile, e nel corso del conflitto a fuoco morirono gli arditi scelti Ettore Bianchi, Lucio Villari e Savino Corasce, mentre un quarto Ardito rimase ferito a un braccio, ma sopravvisse. L'assalto fu inquadrato come una rappresaglia della malavita locale a seguito dell'arresto di un soggetto resosi responsabile di furto. Il Fonogramma della Questura del 2 febbraio al Capo della Provincia Larice così descrive l'evento, riferendosi all'Ardito scelto Lucio Villari: "*Ferito a morte al posto di blocco di via Gallarate con Ettore Bianchi e Savino Corvasce mentre esaminavano i documenti di una macchina fermata. Rimaneva uccisa anche la signorina Matilde Ottolina*". L'8 febbraio fu invece ucciso in via Cirene l'Ardito Ivan Pasti, da partigiani appartenenti ai G.A.P.; nell'agguato fu uccisa anche la sorella Irene, di soli 14 anni.

Il 13 marzo morì all'ospedale di Milano l'Ardito Giuseppe Brusa, in seguito delle ferite riportate in uno scontro a fuoco sostenuto contro alcuni partigiani. L'Ardito Antonio Scapoli morì il 17 aprile in un incidente stradale avvenuto nei pressi di Sondrio, mentre il 21 aprile morì all'ospedale militare di Milano per una malattia riconosciuta dipendente da causa di servizio l'Ardito Pasquale Liconti.

Lo stesso giorno l'Ardito Antonino lo Brutto fu ucciso nei pressi del Palazzo di Giustizia di Milano, da un partigiano, che fu a sua volta venne inseguito da altri militi, i quali lo giustiziarono sul posto, dopo averlo catturato in via Cadamosto. La vicenda fu così riportata nei Notiziari della G.N.R.: "*Il ventitreenne Antonino Lo Brutto di Pietro, milite della Legione di Polizia "Pietro Caruso", veniva ieri nei pressi del Palazzo di Giustizia colpito a tradimento con alcuni colpi di rivoltella da un fuorilegge il quale, mentre il milite si accasciava al suolo esanime, si dava alla fuga in bicicletta. L'assassino, il partigiano trentenne Giulio Bianchi di Milano, veniva catturato in via Cadamosto e fucilato sul posto secondo le disposizioni di legge*".

La Legione "Caruso" fornì anche successivamente elementi per altri plotoni d'esecuzione per sentenze eseguite ancora a Campo "Giurati", come il 2 febbraio 145, quando furono giustiziati 5 appartenenti ai Gruppi di Azione Patriottica, o il 4 febbraio, giorno in cui i fucilati furono 10.

Questo reparto durò relativamente poco tempo, non superando l'anno di età, ed il suo rapido dissolversi non permette adeguate valutazioni sotto il profilo storico. Tra le strutture afferenti alla Polizia Repubblicana fu inoltre l'unica ad essere ufficialmente riconosciuta dal Ministero degli Interni. L'ultimo caduto della Legione fu l'Ardito Primo Armellini, che fu assassinato da ignoti il 15

---

23 Dai verbali del processo risulta che Di Martino avrebbe dichiarato: "[...] *constatato che gli uomini del plotone d'esecuzione non avevano sparato bene sui fucilandi (con il medico) io stesso sparai contro i partigiani, scaricando ben ventun colpi di pistola, dietro ordine del medico presente. Era presente anche il Questore che constatava che nessun fucilando era ancora morto, mi avrebbe detto (come d'uso) di finirli io, con un colpo di pistola. In totale scaricai tre caricatori interi*". La difesa di Di Martino si basava sull'assunto che egli avrebbe agito solo dietro un ordine ricevuto e che si sarebbe recato al carcere di San Vittore a prelevare i condannati, ignorando che fossero destinati alla fucilazione e che fossero dei partigiani. Queste affermazioni furono contraddette dalle testimonianze del maggiore Gemma e dell'ardito Renzo Torriani, che sostennero che Di Martino non solo fosse a conoscenza del fatto di essere stato comandato a dirigere il plotone d'esecuzione, ma che fosse addirittura entusiasta dell'incarico ricevuto.

maggio 1945, nel quartiere milanese di Turro.
Alcuni elementi della Legione "Caruso" operarono in concerto con la Resistenza milanese e, per questo motivo, molti di essi pagarono con la vita, come l'Ardito Giorgio Matessich, deportato nel campo di concentramento di Gusen, campo satellite del lager principale di Mauthausen (Austria), dove era stato deportato dai nazisti. Nel corso del processo ai componenti della Legione e del plotone d'esecuzione di Campo "Giurati" emerse chiaramente la presenza di un nucleo consistente di militari conniventi con la Resistenza all'interno della Legione "Caruso". Nel corso del dibattimento fu interrogato un partigiano milanese di nome Pachini, che dichiarò che all'interno della Legione "Caruso" era attiva una cellula partigiana mimetizzata, chiamata "Marat" di cui lui stesso era il comandante. Il partigiano Fabris, durante la testimonianza resa durante lo stesso processo, affermò addirittura che l'intera Legione, ritenuta tanto famigerata e fascista, fosse in realtà una formazione partigiana sotto mentite spoglie[24]. Anche se l'affermazione del partigiano Fabris è sicuramente esagerata, è comunque indubbio che all'interno della "Caruso" vi fosse una presenza organizzata di partigiani. Basta infatti ricordare che il Brigadiere Giuseppe Pedini riceveva ordini da Nino Puleio, comandante della 10ª Divisione "Matteotti" che, come abbiamo visto in precedenza, avrebbe avuto un ruolo da protagonista nello scioglimento della Polizia Repubblicana a Milano, ed alla fine della guerra operò ben 157 arresti di appartenenti alla Legione, tra cui il comandante Luigi Gemma. Il Tenente Colonnello Luigi Gemma fu condannato a morte dalla Corte d'Assise Speciale, ma la sentenza capitale non venne mai eseguita.

Ispettorato Speciale Polizia Anti Partigiani (I.S.P.A.)

Organismo dipendente dalla Divisione Polizia Politica del Ministero degli Interni, l' I.S.P.A si costituì ufficialmente il 1° agosto 1944 a Brescia, con compiti prevalentemente di "intelligence" e di prevenzione e repressione del fenomeno partigiano, anche se alcune fonti ne fanno risalire la costituzione già al novembre del 1943.
Secondo la Circolare del Ministero degli Interni, che sanciva la costituzione dell'I.S.P.A., i compiti di questo organismo di Polizia erano:

a) *"[…] nei centri urbani. Identificazione, vigilanza e repressione dei dirigenti e dei componenti dei Comitati di Liberazione Nazionale e dei Gruppi d'Azione Partigiana che svolgono attività anti-nazionale;*
b) *nei centri rurali. Individuazione delle bande partigiane, accertamento della loro sede e dei loro movimenti, forza numerica e consistenza dell'armamento di ogni singola banda.*

L'Ispettorato si propone inoltre:
1) *di sondare il morale politico e la situazione di fatto ove operano i settori dipendenti I.S.P.A.;*
2) *provvedere all'opera repressiva diretta, mediante l'impiego di Nuclei Mobili, contro elementi G.A.P. e C.L.N. che svolgono attività anti-nazionale nei centri urbani e contro i loro finanziatori e collaboratori".*

Come si evince da questa circolare programmatica l'Ispettorato era un'organizzazione impegnata a tutto tondo nella lotta contro i partigiani e contro l'eversione politica verso la Repubblica Sociale ed il Fascismo repubblicano, organizzata in maniera articolata per colpire ed eliminare ogni minaccia effettiva o in fieri.
L'Ispettorato Speciale Polizia Antipartigiana aveva sede a Brescia (via Mantova 44) ed era organizzato su due livelli, cinque Settori, deputati all'attività di investigazione e prevenzione, e due Nuclei Mobili,

---

24 Secondo alcune testimonianze, quando la Corte chiese a Fabris di fornire qualche dimostrazione di quanto aveva affermato, l'ufficiale partigiano da una borsa gialla estrasse, con un gesto volutamente plateale, un plico di documenti firmati dal Generale Raffaele Cadorna, Comandante in capo del Corpo Volontari della Libertà.

veri e propri reparti combattenti destinati alle operazioni armate ed alla repressione degli elementi appartenenti ai G.A.P. ed ai Comitati di Liberazione Nazionali:
- Comando I.S.P.A. (Brescia)
- 5 Settori
    - Settore Torino (con sede in via Avogrado 41)
    - Settore Milano
    - Settore Padova
    - Settore Trieste
    - Settore Brescia
- 2 Nuclei Mobili d'Assalto
    - Nucleo Mobile d'Assalto Brescia
    - Nucleo Mobile d'Assalto Torino

Ciascun Settore era posto sotto la responsabilità di un Funzionario Ausiliario di Pubblica Sicurezza ed ogni Settore organizzò una capillare rete di informatori, molto ramificata ma a compartimenti stagni, per garantire la maggior sicurezza possibile sia verso l'esterno, ma anche verso l'interno della stessa organizzazione. Ogni Settore provvedeva a raccogliere, vagliare ed organizzare le informazioni raccolte sul territorio, che venivano poi inviate al Comando dell'I.S.P.A.; quest'ultimo provvedeva a trasmetterle agli organi superiori interessati ed a pianificare gli eventuali interventi repressivi da compiere. In un secondo momento il Settore Torino ed il Settore Milano furono disciolti ed i loro componenti, una cinquantina all'incirca tra funzionari ed agenti, furono fatti confluire in una Sezione Speciale della Polizia Politica appositamente costituita presso la SS Polizeiführer Oberitalien West. I cinque Settori permettevano di ramificare l'attività del reparto non soltanto in Lombardia, ma anche in Piemonte, Liguria e Veneto.

Per il delicato compito a cui erano stati destinati, i due Nuclei Mobili erano stati formati con elementi di *"assoluta fede e provato coraggio, con particolari attitudini nell'opera repressiva"*, dato che dovevano intervenire in operazioni definite "di emergenza", a seguito di particolari risultati informativi.

Comandante dell'I.S.P.A. era il Questore Eugenio Pennacchio. Per quanto riguarda l'amministrazione del personale, i Funzionari dipendevano dalla Divisione Personale Funzionari di Pubblica Sicurezza, mentre i Sottufficiali e gli Agenti dalla Compagnia Autonoma della Direzione Generale di Pubblica Sicurezza; oltre alla retribuzione propria della Polizia Repubblicana, agli appartenenti a questo Ispettorato spettava anche l'indennità speciale della Divisione Polizia Politica.

L'organico previsto per l'I.S.P.A. era di 166 uomini:
- 15 Funzionari
- 12 Ufficiali
- 66 Sottufficiali
- 73 Graduati ed Agenti

Per dotare opportunamente di armi l'Ispettorato, il 24 settembre 1944 il Ministro dell'Interno Buffarini Guidi inviò una richiesta al comandante della SS und Polizei in Italia, sollecitando a rilasciare al Questore Pennacchio l'autorizzazione ad acquistare dalle ditte produttrici:
"[...]
N° 80 Mitra-Moschetti "Beretta";
N° 800 Caricatori x 40 colpi per detti;
n° 800 Bombe a mano;
N° 4 Mitragliatrici pesanti "Breda"
Munizioni per Mitra-Moschetti, per mitragliatrici "Breda", pistole "Beretta", in quantità adeguata".

Da una relazione del comandante dell'Ispettorato, datata 12 ottobre 1944, si rileva che a tale data l'organico effettivo era di 130 uomini:
- 20 Funzionari
- 66 Sottufficiali
- 50 Graduati ed Agenti

ai quali si aggiungevano un centinaio di aspiranti, che avevano presentato domanda per accedere all'organico dell'Ispettorato. Alla stessa data la rete di informatori contava su circa 250 "fiduciari", presenti in tutte le regioni italiane che si trovavano sotto il controllo della Repubblica Sociale.
Dalla stessa relazione si evince che il Nucleo Mobile di Brescia, indicato nel documento come Nucleo Mobile del Centro Investigativo I.S.P.A., era forte di 35 uomini, provenienti da altri nuclei investigativi. Il Nucleo Mobile d'Assalto di Torino, invece, contava su 150 uomini ed era destinato ad essere acquartierato presso la Caserma "Cernaia". Si stava inoltre provvedendo a fornire il Nucleo anche di mezzi corazzati e di automezzi civetta, cioè di veicoli civili, dotati di una blindatura camuffata, da impiegare nel pattugliamento e nella repressione politica sulle vie di comunicazione. Tra i compiti del Nucleo Mobile d'Assalto di Torino vi era anche l'impiego nel corso di operazioni di rastrellamento condotte da altri reparti delle Forze Armate repubblicane, con il compito specifico di polizia politica. Il 3 ottobre 1944 il Questore di Torino auspicava il passaggio alle dirette dipendenze dell'Alto Commissario per il Piemonte del Nucleo Motocorazzato dell'I.S.P.A., incrementandone l'organico e l'armamento, per renderlo disponibile come unità d'emergenza.
Da un altro documento, si rileva che era prevista la riorganizzazione dei Nuclei d'Assalto secondo questa struttura:
- Nucleo Comando
- I Nucleo Mobile d'Assalto
- II Nucleo Mobile d'Assalto
- III Nucleo Mobile d'Assalto

Al Nucleo Comando sarebbero stati assegnati i seguenti automezzi:
- 2 autovetture Torpedo
- 2 FIAT 1100 coloniale, con blindatura, da utilizzare come veicoli civetta
- 2 sidecar
- 4 motociclette
- 1 autobus
- 1 autocarro officina
- 1 autocarro FIAT 626 con rimorchio
- 1 autoambulanza
- 1 motocarro armato con mitragliatrice pesante, da utilizzare come veicolo civetta

Ciascuno dei 3 Nuclei d'Assalto, invece, avrebbe dovuto ricevere:
- 1 autovettura Torpedo
- 1 autocarro SPA Dovunque con blindatura, da utilizzare come veicolo civetta
- 1 autoblinda
- 1 motocarro armato con mitragliatrice pesante, da utilizzare come veicolo civetta
- 2 sidecar scudati
- 6 motociclette
- 2 autovetture, con blindatura, da utilizzare come veicoli civetta

Non risulta che questi mezzi siano stati effettivamente assegnati. Sicuramente all'inizio del 1945, presso il Comando dell'I.S.P.A. a Maderno (BS) si trovava un Nucleo Motocorazzato, che disponeva dei seguenti mezzi:
- 1 autocarro SPA Dovunque
- 1 autoblindo di tipo non identificato
- 2 autovetture FIAT 1100 civili blindate

Sul finire del 1944 parte degli effettivi dei Settori Piemonte e Liguria (5 ufficiali, 21 sottufficiali e 23 agenti) iniziarono a prestare sevizio presso il Der SS Polizeifüehrer Obertialien-West, rimanendo alle dipendenze del Questore Pennacchio, probabilmente a seguito di una richiesta effettuata il 16 ottobre dal Generale Tensfeld, che chiedeva di creare a Monza (o nelle sue immediate vicinanze) una sede dell'I.S.P.A., che avrebbe dovuto coordinare l'attività di tutti i Settori in diretto contatto con il Comando tedesco.

La Questura di Milano si lamentò in numerose occasioni dell'operato del Questore Pennacchio, che era solito raggiungere improvvisamente il capoluogo lombardo, per effettuare retate, fermi ed arresti, senza che la locale Questura ne fosse preventivamente informata ed agendo in maniera del tutto scoordinata dalle autorità milanesi.

Da testimonianze di appartenenti all'Ispettorato si apprende che nel novembre del 1944 il Questore Pennacchio costituì una squadra operativa, alle sue dirette dipendenze, che operò nelle retrovie del fronte sud, soprattutto nella zona di Bologna, e che, nello stesso periodo l'I.S.P.A. di Torino (con ogni probabilità si trattava del Nucleo Mobile Motocorazzato dell'I.S.P.A.) si trasformò in Servizio Informazioni Commissariato (S.I.C.), alle dirette dipendenze dell'Alto Commissario per il Piemonte Zerbino.

Legione Autonoma Mobile "Ettore Muti"

La Legione Autonoma Mobile "Ettore Muti" di Milano, fu un reparto decisamente particolare, con una struttura articolata ed un'autonomia quasi assoluta, che fu inserita solo formalmente nella struttura della Polizia Repubblicana.

Dopo l'Armistizio molti fascisti delle disciolte Federazioni e dei Gruppi Rionali si riunirono costituendo delle Squadre d'Azione; a Milano il fenomeno fu particolarmente attivo e tra le numerose Squadre la "Ettore Muti" ebbe uno sviluppo prodigioso, grazie allo zelo del proprio comandante Franco Colombo. Quando il Partito Fascista Repubblicano decretò lo scioglimento delle Squadre d'Azione, la "Muti" aveva raggiunto una dimensione ed un'organizzazioni tali che fu deciso di rafforzare la sua attività di polizia, ponendola alla dipendenza del Ministero degli Interni. Fu così creata la Legione Autonoma Mobile "Ettore Muti" il 18 marzo 1944, impegnata fino alla fine della guerra in attività di polizia politica e militare: antipartigiani, antiguerriglia, antiparacadutisti, antieversione, ma anche in compiti di presidio, di scorta a convogli di veicoli e ferroviari, protezione e difesa.

Il comandante della Legione era Franco Colombo, autonominatisi Colonnello, che assunse, per il Ministero degli Interni, il grado di Vicequestore.

La Legione effettuò cicli operativi con reparti mobili in Piemonte, Lombardia, Emilia e Liguria, oltre a compiere attività di presidio stanziale a Milano e dintorni e sull'autostrada Milano - Torino, dove fornì delle piccole guarnigioni a guardia dei caselli autostradali, con il compito di rendere sicuro il transito dell'importante arteria di comunicazione. La Legione si rese tristemente famosa per i numerosi rastrellamenti compiuti, per le torture e le violenze, perpetrate a danno dei sospettati trattenuti presso la sede milanese di via Rovello e per avere fornito il plotone d'esecuzione, che trucidò 15 partigiani a Piazzale Loreto il 10 agosto 1944. Dopo essere stati prelevati dal carcere di

San Vittore a Milano ed essere stati uccisi per rappresaglia ad un attentato compiuto l'8 agosto 1944 da ignoti contro un autocarro tedesco in viale Abruzzi a Milano, i cadaveri dei partigiani furono lasciati esposti al pubblico ed oltraggiati per moltissime ore, strettamente sorvegliati da uomini della "Muti", in modo che le salme non venissero traslate dai parenti[25]. La sciagurata azione doveva avere, secondo le autorità tedesche, carattere intimidatorio ed i militi fascisti obbligarono, armi alla mano, i cittadini in transito ad assistere al macabro "spettacolo"[26].

Furono i militi della Legione Autonoma Mobile "Ettore Muti, in concerto con gli agenti della Questura della Polizia Repubblicana di Milano, ad arrestare i componenti del Reparto Speciale di Polizia Repubblicana, la famigerata "Banda Koch" il 25 settembre 1944, al comando del Questore Alberto Bettini.

L'organico della Legione oscillò tra i 1.000 ed i 2.700 elementi ed ebbe più di 260 caduti e più di 300 feriti. Cessò di esistere tra il 26 ed il 27 aprile 1945.

Reparti Autonomi Speciali

Si trattava di formazioni autonome a cui erano stati affidati (o si erano autonomamente affidate, come vedremo) particolari compiti investigativi, informativi e repressivi verso ogni attività ritenuta politicamente sovversiva. Alcuni di questi reparti, come il Reparto Speciale di Polizia Repubblicana (noto anche come "Banda Koch", dal nome del suo comandante, Tenente Pietro Koch) od il Reparto Servizi Speciali (detto "Banda Carità", guidato dal Maggiore Mario Carità) operavano in stretta relazione con le Forze Armate germaniche ed erano solo nominalmente inquadrate nel Corpo della Polizia Repubblicana, godendo di ampia indipendenza operativa. Per questo motivo, tali bande costituivano di fatto formazioni irregolari, che operavano in maniera estremamente violenta, senza alcun dovere nei confronti della catena di comando ufficiale della Polizia Repubblicana, tanto che lo stesso Benito Mussolini, dopo essere stato più volte informato delle efferatezze compiute, ordinò lo scioglimento di alcuni di questi reparti, come avvenne, ad esempio, per la Banda Koch. A riprova di questa ostilità di Mussolini nei confronti di queste formazioni, il 25 settembre 1944 giunse a Milano il Secondo Larice, già Questore ausiliario di Venezia, come Ispettore di Pubblica Sicurezza per tutta la l'incarico conferitogli direttamente dal Duce di "sgominare" tutte le polizie speciali operanti in città, come, ad esempio, la Banda "Koch". La Polizia Repubblicana si dimostrò alquanto insofferente nei confronti di queste unità che agivano ai margini della legalità, tanto che Pietro Koch ebbe a lamentarsi più volte del comportamento dimostrato dagli agenti di Polizia comandati di prestare aiuto al suo reparto nel corso di rastrellamenti od altre operazioni, definendoli "indolenti", un comportamento tenuto volontariamente, perché la Polizia non voleva avere a che fare con le atrocità compiute da questi elementi. Anche i tedeschi mostrarono segni di insofferenza verso queste unità, nonostante dipendessero in maniera più o meno diretta proprio dalle autorità germaniche (in modo particolare dall'SD), che, talora, fornirono loro appoggio concreto in termini di armi e mezzi. Infatti, atteggiamenti vessatori come i traffici dei beni sequestrati, condotti da appartenenti a queste polizie "ausiliarie", venivano giudicati riprovevoli dagli stessi tedeschi. Non erano rari i casi in cui informatori di questi reparti "speciali" facessero il doppio o il triplo gioco, offrendo i propri "servizi" a più reparti contemporaneamente, reparti che a loro volta si trovavano ad operare realmente in uno stato di concorrenza l'uno con l'altro, tanto che spesso operarono arresti di informatori di altre unità, per avere campo libero.

---

25 Tra le vittime vi era anche un appartenente alla Polizia Repubblicana, la guardia Emidio Mastrodomenico, in servizio presso il Commissariato di Polizia di Lambiate, che si era legato alla Resistenza.
26 Proprio in risposta a questa terribile "danza macabra" l'anno successivo i cadaveri di Benito Mussolini, Claretta Petacci e 18 gerarchi fascisti furono esposti al pubblico ludibrio nello stesso luogo.

Compagnia Autonoma Speciale della Polizia Ausiliaria (CAS)

Comandata dal Capitano Renato Tartarotti, fu organizzata a Bologna nel giugno del 1944, in seguito allo scioglimento del locale Battaglione di Polizia Ausiliaria. La Compagnia era dislocata presso la residenza dello stesso Questore di Bologna, Villa Campanati in via Siepelunga 67[27], e divenne una sorta di "seconda questura", che si occupava di fatti politici, amministrativamente autonoma, ma funzionalmente dipendente dal Questore Giovanni Tebaldi.

La C.A.S. svolgeva non solo il servizio di Guardia del corpo del Questore, ma si impegnò a fondo in operazioni volte ad indebolire e danneggiare il movimento partigiano, utilizzando anche metodi poco ortodossi ed infliggendo terribili torture durante i durissimi interrogatori a cui venivano sottoposti i sospetti di collusione con il movimento resistenziale, godendo di immunità e "diritto di bottino", cioè della libertà di saccheggiare abitazioni e negozi in odore di ribellismo. La C.A.S. disponeva anche di una Squadra Volante detta "del camioncino rosso", che era specializzata in esecuzioni per strada.

La Compagnia Autonoma Speciale fu spostata a Trieste, nel settembre del 1944, in seguito al trasferimento del Questore Tebaldi nella città giuliana ed ai cattivi rapporti che intercorrevano tra il Capitano Tartarotti ed il nuovo Questore di Bologna Fabiani. Con il trasferimento, la C.A.S. perse la sua autonomia operativa e, in breve tempo, fu privata anche del suo comandante, arrestato in seguito ad una denuncia riguardante la gestione finanziaria del corpo, e rinchiuso nel carcere di Brescia, dal quale riuscì però a fuggire.

A guerra finita, il 16 maggio, furono rintracciati e catturati in Val Trompia una quindicina di fascisti bolognesi che stavano tentando la fuga, tra cui lo stesso Capitano Renato Tartarotti ed altri uomini della Compagnia Autonoma Speciale. Processato per violenze, omicidi e furti, Tartarotti fu condannato alla pena di morte mediante fucilazione alla schiena dalla Corte d'Assise Straordinaria di Bologna il 4 luglio 1945, unica sentenza di morte eseguita nella città emiliana. Nel corso del processo a Tartarotti emerse come il reparto non si occupò solamente di reprimere violentemente i partigiani, ma che si macchiò anche di reati "comuni" come rapine aggravate, requisizioni ed estorsioni ai danni di normali cittadini, approfittando dello sfascio del tessuto sociopolitico della città.

Reparto Servizi Speciali - "Banda Carità"

Conosciuta ufficialmente come Reparto Servizi Speciali, la "Banda Carità" prese il nome dal suo comandante Mario Carità, Centurione della M.V.S.N., di origine milanese ma trapiantato a Firenze nel 1936, che dopo l'Armistizio organizzò questa unità all'interno della ricostituita XCII Legione della Milizia, con il compito di annientare i nemici del Fascismo Repubblicano, sia esterni come i partigiani, sia interni come i traditori.

A Firenze la Banda dipendeva dalla Compagnia Comando della Legione e, dopo vari spostamenti, prese sede in via Bolognese 67, in quella che diventerà famosa come "Villa Triste", per le sevizie a cui venivano sottoposti i prigionieri. La "Carità" ottenne rilevanti risultati contro la Resistenza Fiorentina, seguendo, purtroppo, metodi feroci di repressione.

Nel luglio del 1944 la Banda fu trasferita a Bergantino (RO) e poi a Padova, dove acquisì una spiccata autonomia operativa, cogliendo importanti successi, soprattutto lo smantellamento della rete dei G.A.P. della città e della provincia, collaborando strettamente con il Comando SS di piazza.

Alla Liberazione molti elementi della Banda tentarono di mettersi in salvo, aggregandosi alle truppe

---

27 Villa Campanati divenne così tristemente famosa con il soprannome di "Villa Triste", per le feroci torture ed esecuzioni, che lì erano all'ordine del giorno. Il Capitano Tartarotti era solito infliggere dure punizioni anche ai suoi agenti, se si rifiutavano di obbedire ai suoi violenti ordini.

tedesche in ritirata verso Nord, ma molti furono catturati, processati in due distinti provvedimenti (il primo a Padova nell'ottobre 1945 ed il secondo a Lucca, nel 1951) e condannati a pene detentive. Mario Carità fu invece ucciso a Siusi il 19 maggio 1945 in uno scontro a fuoco con soldati alleati.

Reparto Speciale di Polizia Repubblicana - "Banda Koch"

La banda Koch fu una Squadra Speciale, il cui nome ufficiale era Reparto Speciale di Polizia Repubblicana, attiva fra il dicembre 1943 e il giugno del 1944 a Roma, quando si spostò a Milano in seguito all'arrivo degli Alleati, dove operò fino alla fine della guerra. Il Reparto, che fu tristemente famoso per la violenza e la crudeltà utilizzata durante gli interrogatori, prese il nome dal suo comandante Pietro Koch. Questi, che era stato richiamato nei Granatieri nella primavera del 1943, fu colto dall'Armistizio a Livorno e da lì si trasferì a Firenze, dove si iscrisse al neocostituito Partito Fascista Repubblicano, arruolandosi nel "Reparto Speciale di Sicurezza" di Mario Carità. Koch si dimostrò da subito spregiudicato ed arrestò il Colonnello Marino, aiutante del Generale d'Armata Mario Caracciolo di Feroleto, ex comandante della 5ª Armata che aveva tentato di difendere Firenze dai tedeschi nei tragici giorni dell'Armistizio. Koch venne così a sapere che il Generale si era rifugiato a Roma presso il convento vaticano di San Sebastiano, sotto le mentite spoglie di un frate francescano, sotto tutela di Giuseppe Cordero Lanza di Montezemolo.

Nel dicembre 1943 Koch si portò a Roma, per presentarsi al capo della Polizia Repubblicana Tamburini, riferendo che era a conoscenza del nascondiglio del Generale Caracciolo, ricevendo l'incarico di arrestarlo. Koch portò a compimento l'operazione senza indugi, violando l'extraterritorialità vaticana, e l'arresto del Generale d'Armata Mario Caracciolo di Feroleto permise di rinvenire anche un memoriale a firma del Generale, documento interessantissimo che conteneva informazioni inequivocabili riguardanti gli avvenimenti che portarono alla caduta del Fascismo ed accuse contro Mussolini.

A seguito dei risultati ottenuti, nel gennaio 1944 il Capo della Polizia autorizzò la formazione di quello che doveva essere l'organico del reparto agli ordini di Koch, che si sarebbe dovuto orientare alla repressione di qualunque attività contraria alla politica della Repubblica Sociale e della Germania. la "Banda" assunse così questa organizzazione nel gennaio del 1944:

- Ufficio Comando
- Ufficio Indagini e informazioni;
- Ufficio Operazioni;
- Ufficio Segreteria, collegamento, contabilità;
- Ufficio Legale;
- Reparto operativo.

Questo reparto di Polizia, che prese la denominazione ufficiale di Reparto Speciale di Polizia Repubblicana, iniziò immediatamente la sua attività in campo prettamente politico; ad esso si aggregarono anche diversi elementi della Banda Carità, raggiungendo la consistenza di una settantina di uomini, tra i quali anche alcuni sacerdoti. La prima sede del Reparto fu presso il Comando SS della Città Aperta in via Tasso 115, ma poco dopo la Banda si trasferì in via Principe Amedeo 2, presso la pensione Oltremare, dove occupò tre appartamenti uniti, uno dei quali fungeva da locale per gli interrogatori, condotti con metodi brutali.

In breve, la Banda Koch si mise nuovamente in evidenza per la cattura di Giovanni Roveda, Presidente del Comitato Centrale del Partito Comunista Italiano: fu la prima operazione svolta nella Capitale a cui parteciparono forze specializzate di polizia italo-tedesca.

Verso la fine di gennaio 1944 fu compiuta una vasta retata contro il Partito d'Azione a Roma, con lo scopo di stroncarlo proprio mentre stava rafforzando la sua organizzazione, operazione che portò a numerosi arresti ed al sequestro di una tipografia che, clandestinamente, stampava il giornale del partito.

La Banda Koch fu successivamente impegnata a combattere due nuclei armati di partigiani, che operavano nei dintorni di Roma, nella zona di Tor Sapienza, arrestando la quasi totalità degli elementi e sequestrando un ingente bottino di armi e munizioni; 21 degli arrestati furono poi fucilati alle Fosse Ardeatine.

Nella notte tra il 3 e il 4 febbraio il reparto diede l'assalto al convento annesso alla basilica di San Paolo, dove si erano rifugiati numerosi ebrei, renitenti alla leva, ex-funzionari di polizia e militari di rango del Regio Esercito, tra cui i Generali Monti e Fortunato, arrestando complessivamente 67 persone.

Dopo avere conquistato con stratagemmi la fiducia di alcuni Gruppi Azione Patriottica del Partito Comunista, la Banda Koch effettuò numerose retate che portarono all'arresto di oltre 200 appartenenti alla Resistenza romana e consentirono di sventare alcuni importanti attentati progettati dagli stessi partigiani contro installazioni elettriche e contro i Comandi germanici della Capitale.

In seguito all'attentato di via Rasella, la sede del comando non fu più ritenuta adeguata, e il reparto occupò il 21 aprile la pensione Jaccarino, in via Romagna 38. Koch, attraverso numerosi arresti e interrogatori violenti, riuscì a ricostruire la dinamica dell'attentato ed i nomi degli esecutori, informandone il Generale Kurt Mälzer, comandante della Wehrmacht.

I metodi di Koch erano caldeggiati dalle SS di Kappler, e la banda collaborò col Comando SS di via Tasso, arrivando persino a procurare a Kappler alcuni nominativi da inserire nella lista dei condannati a morte per rappresaglia, in risposta all'attentato di via Rasella. Per questi metodi violenti e sbrigativi, Koch fu diffidato una prima volta dal rimanere a Roma, fu poi "vivamente consigliato" di non fare ritorno nella Capitale da Firenze ed infine ne fu minacciato persino l'arresto da parte di elementi fascisti e, persino, delle SS, che osteggiavano la sua condotta assolutamente al di fuori di ogni regola. Tra le fila del Reparto furono arruolati anche alcuni delinquenti comuni, come Guglielmo Blasi, un noto ladro della capitale. Arrestato in flagranza di reato, si salvò da una possibile condanna a morte (gli furono trovati addosso documenti originali delle SS, tra cui un tesserino di riconoscimento) rivelando al Questore Caruso di essere a conoscenza del piano che i G.A.P. avevano escogitato per ucciderlo. Affidato a Koch, Blasi entrò a far parte del Reparto Koch e, grazie alle sue delazioni, porterà al totale annientamento G.A.P. centrali, guidati da Franco Calamandrei e da Carlo Salinari ed a fare arrestare Carlo Salinari, Franco Calamandrei, Raul Falcioni, Duilio Grigioni, Luigi Pintor e Silvio Serra. Diventò infine la Guardia del corpo dello stesso Koch.

Dopo l'ingresso degli Alleati a Roma nel giugno del 1944, la Banda Koch si spostò a Milano, dove si insediò presso Villa Fossati, tra le vie Paolo Uccello e Masaccio, che in città sarà successivamente nominata come "Villa Triste". Dotata di recinzione di filo spinato, riflettori e sirene, la villa fu trasformata in un luogo di detenzione e dolore ed alcuni locali furono adibiti a stanze di tortura.

A Milano si unirono al Reparto anche l'attore Osvaldo Valenti, che divenne ben presto uomo di collegamento fra Koch e il principe Borghese della X[a] MAS, il conte-industriale Guido Stampa e alcune donne. I metodi di tortura e le tecniche d'interrogatorio della banda divennero tristemente famosi e quasi codificati, dato che le violenze venivano perpetrate in maniera sistematica.

Stando ad una relazione inerente gli "Organi di Polizia Funzionanti a Milano"[28] il reparto di Koch a Milano disponeva "[…] *di una vastissima sede lussuosamente arredata con annesse prigioni che*

---

28 Copia fotostatica in possesso dell'autore.

possono ospitare sino a 70 detenuti. Il dr. Koch[29] è coadiuvato da una decina di funzionari e da un numero imprecisato di agenti fissi (circa una cinquantina). Intorno alla organizzazione gravita inoltre un complesso di confidenti, informatori, etc. scelti nei vari ceti sociali". La relazione prosegue lamentando la difficoltà di poter effettuare un'azione di controllo sull'operato di Koch: *"Dato il sistema di operare del Reparto (assoluta impenetrabilità anche verso la Questura nella preparazione e nella effettuazione delle operazioni nonché nel successivo periodo istruttorio) è assai problematica una qualsiasi azione di controllo".*

Ben presto al Reparto furono assegnati altri compiti, come lo svolgimento di indagini interne agli organi di governo e politici della R.S.I., che avevano lo scopo di individuare frange fuori controllo o addirittura ostili al regime. Queste indagini decretarono l'inizio del declino della Banda Koch: infatti, quando l'operato del Reparto iniziò ad interessare la Legione "Muti", il gruppo dirigente dell'unità di Colombo si sentì minacciato, riuscendo ad ottenere dal Duce il consenso allo smantellamento del Reparto di Koch. Il 25 settembre 1944 fu così compiuta un'azione di forza da parte della Legione Autonoma Mobile Ettore Muti, al comando del Questore Alberto Bettini e da elementi della Questura Repubblicana di Milano: Villa Fossati fu circondata, furono arrestati una cinquantina di membri della Banda, fu sequestrato tutto il bottino accumulato ed il comando fu temporaneamente assunto dal maggiore Folli della Legione "Muti". Koch fu arrestato il 17 dicembre e rinchiuso nel carcere di San Vittore a Milano. Successivamente, nonostante le proteste di Kappler, il Reparto fu smantellato. Alcuni componenti della banda furono giustiziati nei giorni successivi all'insurrezione del 25 aprile, altri furono condannati a pene detentive e ritornarono in libertà nei primi anni Cinquanta. Koch era invece riuscito ad evadere il 25 aprile 1945 da San Vittore e si rifugiò a Firenze, ma il 1° giugno si presentò spontaneamente alla Questura del capoluogo toscano. Processato a Roma, fu condannato a morte e la sentenza fu eseguita il 5 giugno 1945 nel Forte Bravetta[30].

Reparto Speciale di Polizia Ausiliaria "Tupin"

Nell'estate del 1944, fu nominato nuovo Capo della Provincia di Novara Enrico Vezzalini, in sostituzione di Gaspero Barbero. Da Ferrara, Vezzalini raggiunse la città piemontese il 22 luglio, insieme alla Compagnia Ausiliaria "Giorgi", formalmente dipendente dalla G.N.R., ma meglio noti come "Tupin" (acronimo di "Tutti Uniti Per l'Italia Nostra"), una vera e propria Guardia personale del Prefetto. Comandati dal Capitano Tortonesi, i "Tupin" s'insediarono in via Monte San Gabriele 15, ricevevano ordini solo e direttamente da Vezzalini, furono rinforzati con una ventina di giovani arruolati in città detti "Tupicin"[31], e si resero presto tristemente famosi nel novarese per la ferocia utilizzata nella repressione dei partigiani e dei sospetti. I "Tupin" parteciparono anche al ciclo di operazioni che portarono alla riconquista, da parte dei reparti della R.S.I., della Valdossola. Il reparto passò formalmente alle dipendenze del Ministero agli Interni, assumendo la denominazione di Reparto Speciale di Polizia Ausiliaria "Tupin" e, successivamente, di 1° Reparto Arditi Polizia Ausiliaria, senza perdere però in ferocia. Infatti, nel mese di agosto il Comando Provinciale della G.N.R. di Ferrara aveva richiesto il ritorno in città della Compagnia di Tortonesi, ma, per intervento di Vezzalini, il reparto fu trasferito alla dipendenza formale del Ministero agli Interni, assumendo la nuova denominazione di Reparto Speciale di Polizia Ausiliaria "Tupin", pur continuando ad essere assoggettato esclusivamente alla direzione del Prefetto di Novara.

---

29 Koch in realtà non era laureato, aveva frequentato la facoltà di Giurisprudenza, senza giungere alla conclusione. Fu presa però l'abitudine di appellarlo Dottore, come viene comunemente fatto per tutti i Funzionari di Pubblica Sicurezza (che in effetti sono realmente laureati).
30 Vista la fama del personaggio, le autorità ritennero opportuno documentare l'esecuzione con una ripresa filmata. Regista d'eccezione volle essere Luchino Visconti, che a sua volta da Koch era stato arrestato e torturato.
31 Si trattava di giovani provenienti dal Gruppo d'Azione Giovanile "Goffredo Mameli".

A Novara i "Tupin" si distinsero tristemente per la propria ferocia, conducendo anche azioni antipartigiani nella provincia e, durante la permanenza in città, il reparto ebbe 3 caduti. Il 29 agosto 1944 i "Tupin" condussero un rastrellamento nella zona di Arizzano (VB) in collaborazione con un reparto della 6ª Compagnia di Verbania della Brigata Nera di Novara, agli ordini del Maresciallo Vittorio Scavini. Il 12 settembre, invece, unitamente ad agenti della cosiddetta "Squadraccia" (altro reparto di para-polizia della Questura di Novara), ad una quarantina di squadristi della Brigata Nera novarese de una ventina di soldati tedeschi del Gendarmerie Zug di Novara, i "Tupin" condussero un attacco lungo la strada Arona - Invorio -Gozzano, volto a liberare il paese di Gozzano dalla presenza partigiana. L'azione si concluse poi con un rastrellamento verso Omegna (VB) e Gravellona Toce (VB). Pochi giorni dopo, il 20 settembre, un reparto di formazione costituito da squadristi del I° Battaglione della Brigata Nera "Cristina" di Novara e dal reparto Speciale di Polizia "Tupin", effettuarono un rastrellamento in Valle Strona, nel corso del quale vennero uccisi i militi Boari Alfredo, Chiacchio Giuseppe e Fabbri Giuseppe dei "Tupin", in uno scontro a fuoco nei pressi di Crusinallo. Ai due reparti si unì in un secondo momento una colonna formata da squadristi della Brigata Nera e da agenti della Polizia Repubblicana di Novara, comandati dal Questore Pasqualy. Nel corso dell'autunno si andò ad acuire una forte divergenza tra il Prefetto Vezzalini ed il Questore Pasqualy, che sfociò spesso in atti di aperta ostilità.

I "Tupin" parteciparono anche alle operazioni per la riconquista della Valdossola (Operazione Avanti), tra il 9 ottobre ed il 4 novembre 1944. Il 29 ottobre una trentina fra ufficiali e soldati, che si erano distinti durante l'Operazione "Avanti", furono ricevuti a Gargnano da Mussolini, tra cui il Capitano Tortonesi, il sergente Nardi, il maresciallo Chierici, il caporale Camattari ed i militi Pennoncini e Poggi del Reparto Arditi di Polizia "Tupin". Al termine delle operazioni a Domodossola fu schierato un distaccamento del reparto "Tupin" agli ordini del Tenente Duner, che rimase di presidio fino alla fine del mese di dicembre.

A dimostrazione della cattiva fama che ci era creato il reparto, il 23 ottobre fu prelevato dai partigiani il milite Sturaro Emilio nei pressi di Bellinzago (NO), che sparì nel nulla e, da allora, fu dato per disperso; stessa fine fece milite Penoncini Giovanni, prelevato a Vogogna (VB) il 4 novembre.

A partire dal 14 dicembre 1944 i "Tupin" parteciparono ad un nuovo grosso rastrellamento nella zona compresa tra le località di Borgomanero, Borgoticino, Oleggio, e Fara, dove si trovavano gruppi di partigiani delle Brigate "Osella" e "Nello".

In seguito alla rimozione di Vezzalini da capo della Provincia, i Tupin" furono" allontanati da Novara all'inizio di gennaio del 1945, spostandosi inizialmente a Milano e, successivamente, in Emilia-Romagna, passarono alle dipendenze della Brigata Nera Mobile "Attilio Pappalardo", nata a Bologna il 1° settembre 1944, costituendo la Compagnia Corazzata "Tupin", dotata di almeno 2 autoblindo.

Reparto d'Assalto della Polizia (R.A.P.)
Dipendeva dalla Questura di Bologna ed era comandato dal Capitano Alberto Noli. Aveva non solo compiti di pubblica sicurezza, ma anche di polizia polita (e quindi antipartigiana); aveva sede in Piazza Galileo, dove erano state attrezzate delle celle per una dura detenzione. Alcuni degli appartenenti all'unità provenivano dalla locale Compagnia della Morte, costituita nel capoluogo emiliano dal Partito Fascista Repubblicano, al comando del Capitano Alceste Porcelli Il Reparto prese parte a numerose operazioni antipartigiani in città, eliminando molti componenti della Resistenza bolognese.

Un nucleo di duecento uomini, tra agenti del R.A.P. e militi delle Brigate Nere, accerchiarono l'università, dove si era formata una cellula del Partito d'Azione, la mattina del 20 ottobre 1944. Quando fu aperto il fuoco con le mitragliatrici contro l'Ateneo, alcuni partigiani riuscirono a fuggire, ma, dopo un paio d'ore di battaglia, i resistenti ancora asserragliati nell'istituto, furono snidati e catturati uno ad uno. Cinque dei partigiani catturati furono fucilati immediatamente nel cortile del Rettorato.

Il 7 novembre 1944 50 agenti del Reparto d'Assalto della Polizia presero parte ad un'operazione di rastrellamento, insieme a 150 uomini delle Brigate Nere ed a 50 della Feldgendarmerie, attività che portò all'individuazione di un'importante base partigiana presso il Macello Comunale. Si scatenò un violento combattimento, conosciuto come la "Battaglia di Porta Lame", ritenuto il più importante tra quelli condotti in un centro urbano tra partigiani e nazi-fascisti. Nel corso degli scontri morì l'agente del Reparto d'Assalto della Polizia Eliseo Zanosi.

Alla fine della guerra molti agenti del Reparto d'Assalto della Polizia tentarono di mettersi in salvo lasciando Bologna. Il 4 giugno 1945 furono catturati alcuni agenti insieme all'ex Prefetto Dino Fantozzi.

Centro Informativo Politico (C.I.P.)

Fu costituito a Milano il 23 settembre 1944, con sede in via Fatebenefratelli 14; dirigente del Centro il dottor Mario Finizio, autonominatosi Questore, a cui rispondeva una quarantina di uomini. Il Centro informativo Politico compiva essenzialmente operazioni di controllo finanziario, alle dipendenze delle SS ed era articolato su Sezione Maschile, diretta dallo stesso Finizio, e Sezione Femminile, diretta dalla moglie. Finizio si era presentato a Milano con credenziali fornite dallo stesso Capo della Polizia, autodefinendosi Questore, nomini che in realtà non pare mai ufficialmente avvenuta.

Il C.I.P. strinse relazioni strettissime con la Polizia germanica, quasi di diretta dipendenza da essa; Finizio, inoltre, si recava molto spesso a colloquio dal Capo della Polizia a Vobarno, per comunicargli tutte le informazioni raccolte dai suoi uomini, informazioni che non venivano condivise con nessun'altro organo della Polizia Repubblicana. Il dirigente del C.I.P., inoltre, riuscì a crearsi una fitta rete di delatori, che venivano pagati profumatamente, direttamente dallo stesso Finizio, il quale attingeva dalla sua vasta disponibilità economica. Il Centro fu successivamente sciolto d'autorità e Finizio messo in stato di fermo, poiché operava sovente sequestri ingiustificati di merci e di preziosi, che venivano poi reimpiegati per uso esclusivamente personale dai componenti dell'unità, e risulta che 5 dei suoi appartenenti[32] chiesero di poter passare tra gli effettivi della Polizia Repubblicana[33]. La Squadra Mobile della Questura, che si occupò dello scioglimento del reparto e delle indagini sul suo operato, recuperò ingenti quantità di merci sequestrate e conservate presso diversi depositi, sparsi per tutta la città[34].

---

32 L'organico del reparto si era ridotto a 22 effettivi.
33 È documentato che questi elementi avanzarono richiesta al Questore Mario Bassi di ricevere una paga mensile esorbitante (10.000 lire dell'epoca) e dei premi in denaro per eventuali recuperi e sequestri effettuati.
34 Da una relazione, priva di data, ma probabilmente redatta dalla questura di Milano alla fine del 1944, risulta che nel capoluogo lombardo operassero altri personaggi e gruppi, ufficialmente legati alla Polizia Repubblicana, ma che, di fatto, svolgevano attività poco lecite. Tra di essi vi era un tale Questore Gastone De Larderel, presentatosi nel luglio del 1944 al Questore di Milano, con credenziali fornite dal vicecapo della Polizia, che gli attribuivano dei non meglio identificati "incarichi speciali", che di fatto si traducevano in una vita dissoluta e dispendiosa; a carico di questo sedicente funzionario di Polizia, la Questura di Venezia possedeva gravi elementi a suo carico (De Larderel passò successivamente alla Resistenza). Vi era inoltre tale Miranda Serra, una maitresse che forniva servizio di informazioni, attraverso 5 prostitute poste alle sue dipendenze, per conto dell'Alto Commissario per il Veneto Giuseppe Pizzirani, che si stava occupando, tra le altre cose, della riorganizzazione dei Reparti Speciali della Polizia.

Servizi Speciali di Polizia

Il Ministero dell'Interno organizzò due Gruppi di Servizi Speciali di Polizia, destinati a compiti delicati, come operazioni di sabotaggio in territorio già occupato dagli Angloamericani. Un primo Gruppo fu dislocato nella zona di Milano, con il nome di copertura di un'azienda di profumi, ed era formato da militari provenienti dall'Aeronautica e dalla Milizia, Il secondo Gruppo, invece, fu formato esclusivamente da personale della Polizia Repubblicana al comando del Questore Del Zoppo; a questo gruppo furono affidati incarichi di sicurezza speciale alle dirette dipendenze della Presidenza del Consiglio. L'attività di questo secondo Gruppo si protrasse, ovviamente sotto la più stretta copertura, fino al giugno 1945, riuscendo a mettere in salvo appartenenti al primo Gruppo catturati dai partigiani.

Ispettorato Speciale

Questo altro non era che il reparto noto, prima dell'Armistizio, con il nome di Ispettorato Speciale di Pubblica Sicurezza per la Venezia Giulia (I.S.P.G./V.G.), che era stato organizzato nel 1942 a Trieste, destinato alla lotta contro la repressione dei movimenti antifascisti e la ricerca di partigiani stranieri nella vasta area che andava da Gorizia a Fiume, allorquando stava iniziando a farsi più intensa l'attività delle bande partigiane slovene. Era l'unica struttura esclusivamente dedicata a tale scopo nel Regno d'Italia ed ara composto non solo da uomini della Regio Corpo degli Agenti di Pubblica Sicurezza, ma anche da elementi dei Regi Carabinieri, della Regia Guardia di Finanza e della M.V.S.N. Confinaria, specificatamente addestrati a tattiche innovative, con armamento moderno ed organizzati in nuclei motorizzati. L'ispettorato era agli ordini dell'Ispettore Generale Giuseppe Gueli, che fece un uso disinvolto di metodi poco ortodossi e di torture nei confronti degli antifascisti arrestati. Tra i suoi dipendenti divenne tristemente famoso per la ferocia il Vicecommissario Gaetano Collotti. Dopo il 25 luglio 1943 il presidente del consiglio Pietro Badoglio sciolse l'Ispettorato, ma assegnò a Gueli il delicato compito della custodia di Mussolini dopo l'arresto.

Dopo l'Armistizio l'unità riprese la sua attività contro gli antifascisti nell'area di Trieste, ma, essendo posto in pratica sotto controllo del comando delle SS di Trieste, si occupò prepotentemente anche della persecuzione degli ebrei. In questa fase spiccarono prepotentemente due elementi dell'Ispettorato, il già citato Gaetano Collotti ed il Maresciallo Sigfrido Mazzuccato.

Collotti creò l'omonima "Banda Collotti", che nell'estate del 1944 si rese colpevole di ripetute esecuzioni di civili, che furono gettati nel pozzo di una miniera a Basovizza; lo stesso Collotti torturò personalmente prigionieri antifascisti. Alla fine della guerra Collotti fu catturato da membri della Resistenza ad Olmi di San Biagio di Callalta (TV), mentre insieme ad alcuni dei suoi agenti, alla fidanzata incinta e ad un cospicuo carico d'oro, tentava la fuga. Trasferiti presso la Cartiera di Mignagola, Collotti, la fidanzata ed i suoi agenti furono giustiziati dai partigiani comandati da Gino Simionato, detto "Falco", durante una fucilazione di massa di militari della R.S.I. e civili dichiaratamente fascisti.

Mazzuccato, su incarico del Prefetto di Fiume Tamburini, formò un nucleo di polizia ausiliaria dedito alla repressione antifascista, la cui sede è posta in via San Michele, noto all'epoca come "squadra Olivares"; la maggior parte dei circa 200 membri della banda era stata cooptata fra pregiudicati locali. Il reparto fu sciolto a settembre del 1944 dalle autorità tedesche e Mazzucato fu inviato in Germania a Buchenwald.

Giuseppe Gueli fu invece condannato, per il solo reato di collaborazionismo, ad otto anni di reclusione, pena sospesa in virtù dell'amnistia "Togliatti".

▲ Elementi del Battaglione Mobile di Pubblica Sicurezza di Roma di fronte al carcere romano di Regina Coeli durante una rivolta dei detenuti. I poliziotti sono appoggiati da alcuni carri L3 e da una camionetta AS42; l'immagine va però probabilmente fatta risalire al luglio del 1944, dopo l'occupazione alleata della Capitale, allorquando la disciolta Polizia dell'Africa Italiana cedette alla Polizia i propri mezzi corazzati, carri L6/40 e camionette AS42 del tipo Metropolitano (Crippa).

▼ Autocarro blindato della Polizia Repubblicana, utilizzato dai partigiani dopo la liberazione. Si trattava di un mezzo probabilmente utilizzato da un reparto delle Forze Armate di Polizia, come l'I.S.P.A., che aveva un proprio Nucleo Motocorazzato o da altra unità, ad esempio il Battaglione d'Istruzione di Torino, che disponeva di un'autoprotetta su telaio SPA.

QUESTURA REPUBBLICANA DI VICENZA

Div. Gab. N. 06406 — Addì 15.12.1944. XXIII°-

Risposta a nota N:

OGGETTO: Festa della Polizia.

AL MINISTERO DELL'INTERNO
Direzione Generale di Polizia – Divisione Personale
Ufficio Cassa –
P.D.C.

Si accusa ricevuta dell'assegno circolare della B.C.I. n.314552 di L.4176,95, per rimborso maggiori spese sostenute per miglioramento vitto in occasione della festa della Polizia, trasmesso con nota di codesto Ministero n.333/C. del 7 corrente.

IL QUESTORE

▲ Ricevuta di incasso di un assegno della Questura Repubblicana di Vicenza (fonte WEB).

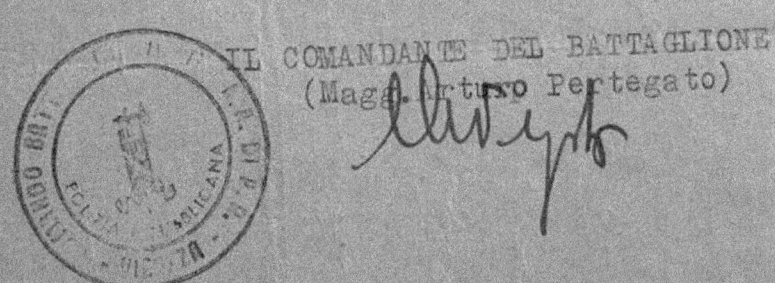

▲ Interessante l'intestazione di questo documento degli ultimi giorni di guerra: Comando Reparto Agenti Polizia Ausiliaria della Questura di Vicenza (fonte WEB).

▲ Benito Mussolini in visita alla sede della Legione Autonoma Mobile "Ettore Muti" in via Rovello a Milano nel dicembre 1944, durante quelle che divennero famose come le "giornate milanesi del Duce". Alla sua sinistra il suo capo scorta, il Capitano della Polizia Repubblicana Mario Nudi, che indossa la tipica uniforme del Corpo, impiegata dagli ufficiali durante la Repubblica Sociale (sembra portare alla giubba le fiamme bicolore utilizzate dagli Arditi della Legione "Caruso").

▲ L'edificio che ospitava la Questura di Torino fu assalito e poi saccheggiato durante l'insurrezione del 25 aprile 1945.

▼ La lapide che ricorda a Gorizia la mattanza di 665 goriziani, che a fine guerra furono deportati, infoibati o annegati in mare. La città fu strenuamente difesa dagli Agenti della Polizia Repubblicana, che, per questa loro forma di resistenza ai partigiani titini, pagarono un altissimo tributo di sangue.

▲ Il vicebrigadiere Felice Sena, in forza alla Squadra politica della Questura di Verona, in una fotografia postbellica, quando prestava servizio nella ricostituita Polizia della Repubblica Italiana. Il vicebrigadiere Sena si rese protagonista del salvataggio di circa 300 ebrei veronesi, i quali, grazie ai suoi interventi non propriamente ortodossi, riuscì a farli mettere in salvo dalle persecuzioni naziste.

MINISTERO DELL'INTERNO
Polizia Repubblicana
Comando Forze Armate

Vobarno 20 Marzo 1945 XXIII

26 Feb 45

Per l'inserzione nel Quaderno di Ordini =

Alla Segreteria Particolare
dell'Ecc.il Capo della Polizia
<u>Milano</u>

<u>VITTIME DEL DOVERE</u>

Guardia Polizia BALDUCCI CATALDO, effettivo alla Questura di Torino, ucciso il 26 Febbraio u.s. da un fuori legge.

(Pier Luigi Pansera)

▲ Comunicazione emessa dal Comando delle Forze Armate di Polizia, firmato dal reggente Prefetto Pier Luigi Pansera (fonte WEB).

▲ Gruppo di sottufficiali della Polizia Repubblicana: si notano tutte le caratteristiche delle uniformi tipiche del periodo della R.S.I, quali il fregio del berretto, il distintivo da petto, le mostrine quadrangolari amaranto con il gladio.

▼ Il Questore di Roma Pietro Caruso, a cui fu intitolata l'omonima Legione Arditi di Polizia.

Il generale Montagna costituisce la Legione Arditi della Polizia "P. Caruso"

MILANO, 27 novembre.

In un cortile della Questura il Capo della Polizia generale Montagna ha tenuto rapporto ai funzionari ed agli agenti.

Dopo aver passato in rassegna i vari reparti, il generale Montagna ha dettato le direttive da seguire nel delicato compito affidato alla Polizia.

Al rapporto presenziava un reparto con musica della Legione Autonoma «Ettore Muti».

Successivamente il generale Montagna ha dichiarato costituita la Legione Arditi della Polizia «Pietro Caruso» il cui primo reparto ha poi sfilato per le vie della città destando viva ammirazione per il marziale impeccabile comportamento.

▲ Articolo apparso sul quotidiano "Il Popolo del Friuli" di lunedì 27 novembre 1944, che annuncia la costituzione, a Milano, della Legione Arditi di Polizia "Caruso" (Maressi).

▲ Cartolina edita per la Legione "Pietro Caruso": nell'iconica raffigurazione dell'Ardito si possono notare alcuni dettagli dell'uniforme, propri di questo reparto, quali le fiamme a due punte bicolori ed il distintivo da Ardito, portato al braccio sinistro, realizzato però su stoffa cremisi (e non verde, come per l'Esercito). Alle spalle il profilo del Duomo di Milano, città dove nacque ed operò l'unità.

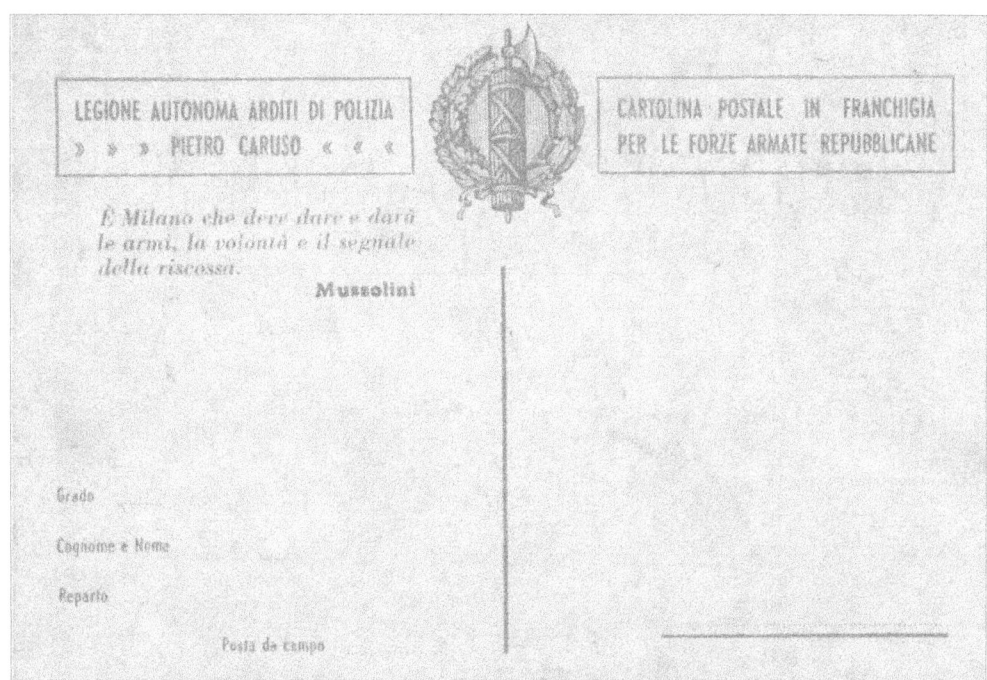

▲ Retro della cartolina in franchigia edita per la Legione Arditi di Polizia "Pietro Caruso"; vi si trova una frase di Mussolini, che, negli ultimi periodi della Repubblica Sociale, sottolineava insistentemente il ruolo primario che sarebbe spettato al capoluogo lombardo per la rinascita del Fascismo.

▼ Gruppo di militi della Polizia Repubblicana: si tratta con ogni probabilità di Arditi della Legione "Caruso". Interessante il fregio dipinto sul lato sinistro dell'elmetto, che richiama il distintivo da petto della Polizia Repubblicana; questo dettaglio è stato interpretato erroneamente da alcuni studiosi come il fregio della Legione SS italiane, ma la grafia è evidentemente diversa.

PREFETTURA REPUBBLICANA DI MILANO

Divisione Polizia

N. 02094　　　　　　　　　　　　　　　Milano, 1° Febbraio 1945
Risp. Nota　　N.　　　　　　　　　　　　　　　　　XXIII

OGGETTO

AL COMANDANTE REGIONALE MILITARE DI

MILANO.

Il Duce con provvedimento in data 31 Gennaio c.a. ha accolto l'istanza di grazia nei confronti di :

1°) BESCAPE' CESARE di Giuseppe
2°) DORIGO CARLA fu Alessandro
3°) DOLCI CARLO di Giacomo

commutando la pena di morte in 20 anni di reclusione.

Di conseguenza la sentenza di morte è eseguibile nei confronti di :

1°) MANTOVANI VENERINO fu Antonio
2°) RESTI VITTORIO fu Angelo
3°) CAMPEGGI LUIGI di Giuseppe
4°) MANDELLI FRANCO di Giovanni
5°) VOLPONES OLIVIERO fu Guglielmo
6°) COLOMBO PIETRO fu Guglielmo
7°) RONCHI LUIGI di Matteo
8°) PELLEGATTA RENATO di Luigi
9°) MOTTA ALDO di Vincenzo
10°) CEREDA EMILIO di Danilo.

IL CAPO DELLA PROVINCIA

▲ Documento della Prefettura Repubblicana di Milano, che sancisce l'esecuzione della pena capitale per 10 partigiani; altri 3, invece, erano riusciti ad ottenere la grazia da Mussolini (Fonte WEB).

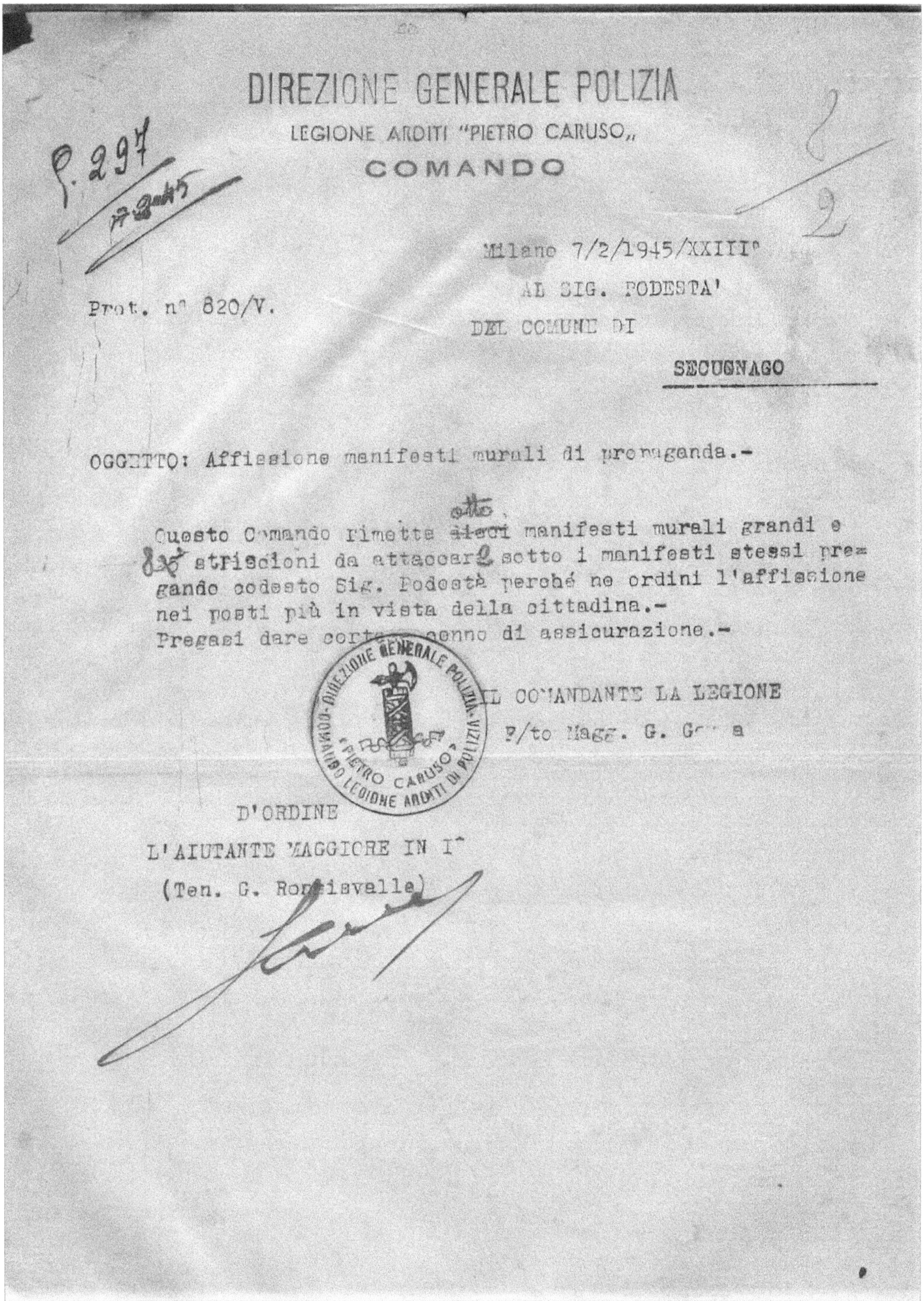

DIREZIONE GENERALE POLIZIA
LEGIONE ARDITI "PIETRO CARUSO"
COMANDO

Prot. n° 820/V.

Milano 7/2/1945/XXIII°

AL SIG. PODESTA'
DEL COMUNE DI

SECUGNAGO

OGGETTO: Affissione manifesti murali di propaganda.-

Questo Comando rimette otto manifesti murali grandi e striscioni da attaccare sotto i manifesti stessi pregando codesto Sig. Podestà perché ne ordini l'affissione nei posti più in vista della cittadina.-
Pregasi dare cortese cenno di assicurazione.-

IL COMANDANTE LA LEGIONE
F/to Magg. G. G... a

D'ORDINE
L'AIUTANTE MAGGIORE IN I°
(Ten. G. Roncisvalle)

▲ Raro documento della Legione Arditi di Polizia "Pietro Caruso, interessante perché riporta il timbro di intestazione del Comando ed il bollo tondo della Legione e la firma dell'aiutante maggiore in prima, tenente Roncisvalle (Fonte WEB).

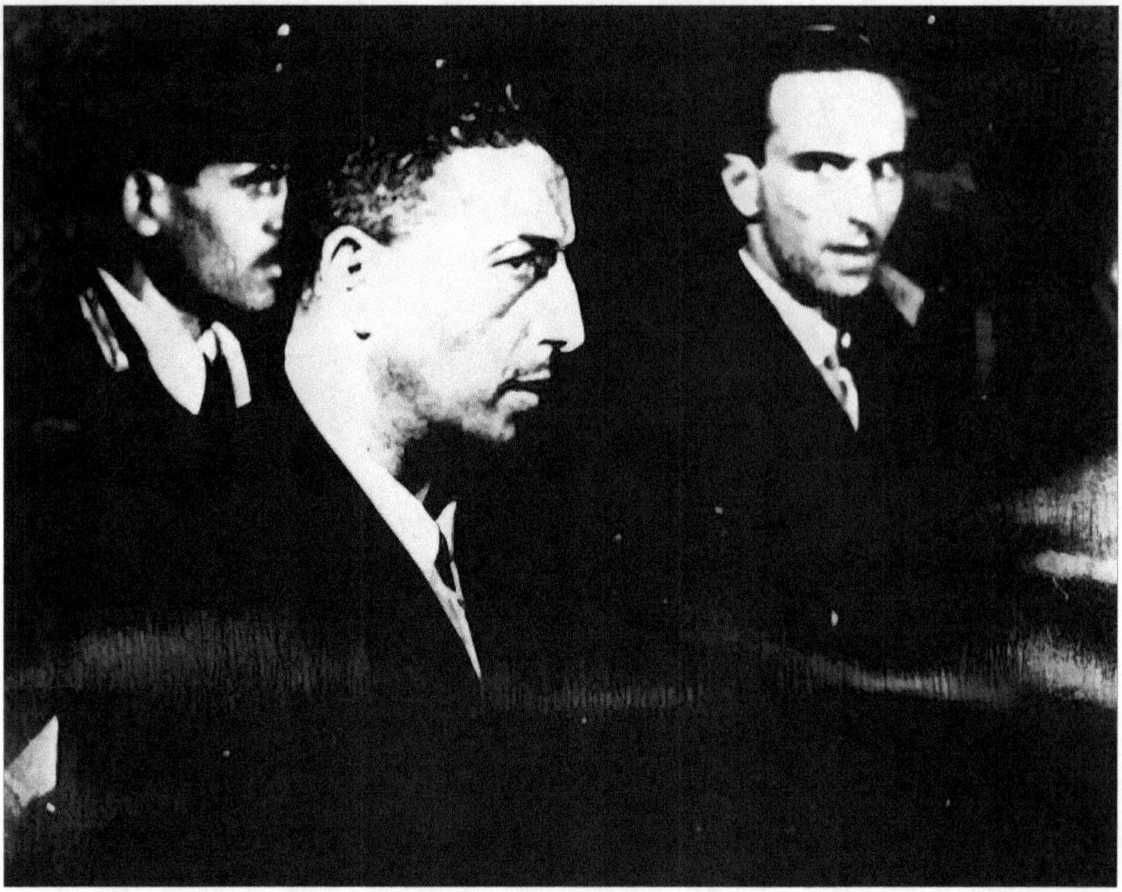

▲ Pietro Caruso durante il processo del settembre 1944, che gli valse la condanna a morte.

▼ Bollo rotondo dell'Ispettorato Speciale Polizia Anti Partigiani (I.S.P.A.), apposto su un documento, accanto alla firma del comandante dell'unità, Questore Eugenio Pennacchio (fonte WEB).

F.to (Que

p. c. c.

IL DIRIGENTE L'ISPETTORATO

(Questore E. Pennacchio)

MINISTERO DELL'INTERNO

DIREZIONE GENERALE DELLA POLIZIA REPUBBLICANA

I.S.P.A.

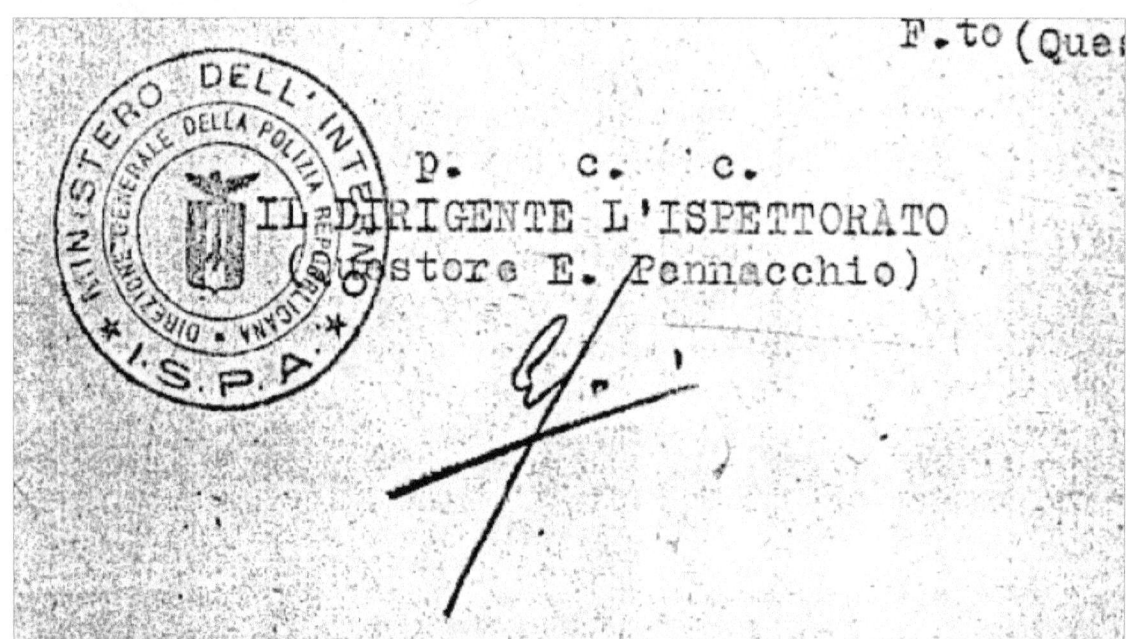

L'ATTIVITA' A FAVORE DI PERSEGUITATI POLITICI ED EBREI

Il biennio della Guerra Civile in Italia fu un periodo estremamente difficile e tormentato. La Polizia Repubblicana fu un organismo che non andò immune allo tsunami che investì non solo tutti gli strati della popolazione, ma anche tutti gli apparati civili e militari. Se da un lato, infatti, all'interno della Polizia Repubblicana furono organizzati, come visto nei precedenti capitoli, reparti armati addestrati e destinati appositamente alla lotta contro gli oppositori del regime, fossero essi oppositori politici, ebrei o semplici cittadini, dall'altro lato non si può dimenticare come numerosissimi appartenenti alla Polizia si prodigarono per mettere in salvo i perseguitati, portando avanti una missione estremamente pericolosa, che gli esponeva al rischio di perdere anche la vita, qualora scoperti.

Un gran numero di uomini della Polizia Repubblicana dispiegò una capillare attività di sabotaggio, riuscendo a salvare centinaia di ebrei, di stranieri e di italiani dalla morte e dalla deportazione nei lager nazisti.

Un racconto antologico degli eventi occorsi è impossibile, ma, limitandoci a riportare alcuni esempi, si avrà comunque un quadro di quale fu lo sforzo compiuto da funzionari e da semplici agenti delle Questure per salvare quante più vite possibile.

Famosissima è rimasta l'attività svolta dal penultimo Questore di Fiume Giovanni Palatucci, ricordato proprio come il *"Questore che aiutò gli ebrei"*. Arruolatosi in Polizia nel 1936 e trasferito alla Questura di Fiume alla fine del 1937, negli anni successivi sarà nominato prima Commissario e, successivamente, direttore dell'ufficio stranieri. Proprio in questa veste entrò in contatto diretto con la dura realtà della condizione degli ebrei e non si allontana da Fiume neanche quando il Ministero ne dispose il trasferimento a Caserta nell'aprile del 1939. Il suo primo grande intervento di salvataggio risale al marzo del 1939, allorquando mise in salvo circa 800 fuggiaschi, che dovevano entro poche ore essere consegnati alla Gestapo. Palatucci avvisò Rodolfo Grani, ebreo fiumano, il quale ottenne l'intervento del vescovo Isidoro Sain che nascose temporaneamente i profughi nella vicina località di Abbazia, sotto la protezione del Vescovado.

Per la sua instancabile opera a favore degli ebrei fiumani, che continuò con maggiore intensità dopo l'Armistizio, il funzionario di Polizia, che era stato nominato Reggente della Questura a febbraio, fu arrestato dalle SS il 13 settembre 1944 e tradotto nel carcere di Trieste; da lì fu trasferito nel campo di sterminio di Dachau il 22 ottobre, morendovi il 10 febbraio 1945, pochi giorni prima della Liberazione, a soli 36 anni. Nel 1990 lo Yad Vashem di Gerusalemme lo ha giudicato "Giusto tra le Nazioni", nel 1995 lo Stato italiano gli ha attribuito la Medaglia d'Oro al Merito Civile[35] ed il 21 marzo 2000 il Vicariato di Roma sancisce l'apertura del processo di beatificazione del "Servo di Dio Giovanni Palatucci", avvenuta il 9 ottobre 2002. Inoltre, in occasione della cerimonia ecumenica Giubilare del 7 maggio 2000, papa Giovanni Paolo II lo annovera tra i martiri del XX Secolo.

A Roma il Commissario Angelo De Fiore, dirigente dell'Ufficio stranieri, iniziò ad aiutare gli ebrei di cittadinanza non italiana subito dopo l'approvazione delle leggi razziali. Scoppiata la guerra, manipolò numerose pratiche riguardanti ebrei e sospetti di attività antifascista, ostacolando così la Gestapo, che lo richiamerò diverse volte e lo metterà sotto indagine, senza però arrivare a

---

35 Questa la motivazione: *"Funzionario di Polizia, reggente la Questura di Fiume, si prodigava in aiuto di migliaia di ebrei e di cittadini perseguitati, riuscendo ad impedirne l'arresto e la deportazione. Fedele all'impegno assunto e pur consapevole dei gravissimi rischi personali continuava, malgrado l'occupazione tedesca e le incalzanti incursioni dei partigiani slavi, la propria opera di dirigente, di patriota e di cristiano, fino all'arresto da parte della Gestapo e alla sua deportazione in un campo di sterminio, dove sacrificava la giovane vita".*

conseguenze effettive. La sua attività non si limitò alla realizzazione di documenti falsi, con l'aiuto di Luigi Charrier, impiegato dell'Ufficio anagrafe, ma arrivò ad effettuare finti prelievi dalle carceri cittadine di ebrei, spacciandoli per pericolosi ricercati o disertori, liberandoli subito dopo. Dopo l'attentato di via Rasella gli venne richiesto dal suo superiore, il questore Pietro Caruso di fornire dei nominativi di ebrei sui quali effettuare la rappresaglia, e celebre rimase la sua risposta: "Non ho alcun nome di ebreo da offrire", con la scusa che l'archivio dell'Ufficio di sua competenza non era in ordine. Non ci furono conseguenze per lui e poté così continuare la sua opera fino all'arrivo degli Alleati, quando si diede alla macchia nel timore di essere perseguito, in quanto funzionario di Polizia. Ebbe però cura di distruggere e pratiche di ebrei e militari sospetti ancora presenti negli archivi della Questura, con l'aiuto dei suoi collaboratori. Prima dell'arrivo degli Alleati collaborò attivamente con il gruppo clandestino "Sprovieri" del Centro Clandestino Militare, cui comunicava le liste dei perseguitati politici e degli ufficiali italiani "sgraditi". L'8 luglio 1969 fu riconosciuto quale Giusto tra le Nazioni.

Alcuni poliziotti della Questura di Verona, durante la Repubblica Sociale, a rischio della loro stessa vita, si adoperarono per salvare numerosi ebrei residenti nella città scaligera. I principali protagonisti di questa vicenda, che permise alla comunità veronese di circa 300 ebrei di passare sostanzialmente indenne la guerra, furono il vicebrigadiere Felice Sena, in forza alla Squadra politica della Questura di Verona, i commissari Guido Masiero e Antonino Gagliani. Solo 34 ebrei furono arrestati ed inviati a morire nei lager: erano tutti stati presi tutti dalle SS, dalla Polizei o da reparti fascisti, ma non da unità della Questura scaligera. Quando il vicebrigadiere Sena si trovava costretto a dover procedere con un arresto per condurli al palazzo di concentramento degli ebrei di via Pallone, infatti, non trovava mai nessuno dei "ricercati" in casa, ad eccezione dei pochi che non potevano essere arrestati in virtù delle leggi che prevedevano di liberare gli ultrasettantenni, chi aveva contratto matrimonio misto o i figli frutto appunto di matrimonio misto. Gli studi del ricercatore veronese Olinto Domenichini hanno rivelato che dietro queste improvvise "sparizioni" agivano nascostamente i tre poliziotti veronesi: tutti i rapporti di Sena terminavano con la formula *"Le ricerche hanno dato esito negativo. Viene riferito che lo stesso si è allontanato da questa città per ignota località, fin dal bando di concentramento degli appartenenti alla razza ebraica. Per quanto riguarda al sequestro dei beni, provvede l'Ufficio Amministrazione beni ebraici. Il V. Brig. Sena Felice"*. I commissari Gagliani e Masiero appoggiarono l'operato di Sena e spesso essi stessi provvidero a convalidare false dichiarazioni di matrimoni misti, "liberando" di fatto ebrei destinati alla deportazione. Importante fu l'ausilio del medico Antonio Solli, che creò ad arte false certificazioni, e del parroco di Sant'Eufemia, don Marcello Chiampan, che documentò la conversione al cattolicesimo, in realtà mai avvenuta, di alcuni ebrei. Recentemente è stata anche ritrovata la testimonianza scritta del vicecommissario Giuseppe Costantino, vicino alla Resistenza veronese, che conferma la presenza di un gruppo organizzato in Questura con a capo Masiero, un gruppo che intensificò la sua attività a partire dalla fine del gennaio 1944, quando giunse in città il maggiore della Gestapo Bosshammer, che incalzò Questura e Prefettura a compiere il loro dovere nella deportazione degli ebrei. Emblematiche e poco conosciute sono invece le gesta dei numerosi Agenti, alcuni dei quali sacrificarono persino la propria vita, come successo a Luigi Di Sano, ucciso dai tedeschi a Pisa il primo agosto 1944. Questi uomini disubbidivano ai doveri verso le Leggi della Repubblica Sociale Italiana per umanità e buon senso, diventando in tal modo pedine essenziali nella lotta partigiana, come nel caso dell'attività svolta dall'Agente Mario Canessa, in servizio al valico di Tirano al confine con la Svizzera, durante l'Operazione "Diana", per salvare perseguitati e prigionieri. Si trattava operazioni di salvataggio, che distinguevano razza o credo religioso. Canessa, durante un'intervista, dichiarò di non sentirsi per questo un eroe, ma semplicemente disse che *"tutti quanti lo facevamo o l'avremmo fatto... sapevo solo che dovevo aiutarli"*.

Questi "non eroi", Funzionari e Agenti di Pubblica Sicurezza, agirono in maniera spontanea e non organica in tutta l'Italia occupata, osteggiando le pratiche, generando confusione negli Archivi, nascondendo all'interno di altri fascicoli documenti compromettenti, distruggendone altri e perfino fabbricando documenti falsi, come carte annonarie e permessi di soggiorno.

▲ Arditi della Legione Autonoma Mobile "Ettore Muti" in una località del Piemonte (collezione privata Saronno).

▲ Da sinistra il Colonnello Colombo, comandante della Legione "Muti", il Ministro Pavolini, comandante delle Brigate Nere, il Generale delle SS Tensfeld ed il Podestà di Milano, fotografati il 28 ottobre 1944, durante una manifestazione a commemorazione della Marcia su Roma (collezione privata Saronno).

▼ Un gruppo di Arditi della "Ettore Muti" nell'estate del 1944 (collezione privata Saronno).

▲ Motocarro armato impiegato dalla Legione "Muti" per pattugliare l'autostrada Milano – Torino.

▼ Il 17 dicembre 1944 Mussolini assiste alla sfilata dei reparti della Legione "Muti" in piedi su uno dei due carri L3 della Compagnia "Mezzi Pesanti, davanti alla sede della Legione in via Rovello a Milano (l'edificio nel dopoguerra trasformato nel famoso "Piccolo Teatro").

▲ Un'immagine della fine: i partigiani di Milano hanno occupato la caserma di via Rovello, sede della Legione "Muti", ormai sgomberata dagli Arditi. E' la mattina del 26 aprile 1945. Davanti al portone d'ingrasso un motocarro abbandonato della "Del Buffa" viene ispezionato con curiosità dai partigiani e da agenti di polizia passati alla Resistenza (archivio Pisanò).

▼ Il processo a Renato Tartarotti, comandante della Compagnia Autonoma Speciale, tenutosi a Bologna nel 1945. Tartarotti è il primo da sinistra, accanto a lui, alla sbarra, sempre da sinistra altri imputati fascisti: Molmenti ed i fratelli Alberto e Paolo Gamberini.

▲ Mario Carità, al centro della fotografia, ritratto con due elementi della sua Banda, il cosiddetto Reparto Servizi Speciali.

▲ Pietro Koch, comandante del Reparto Speciale di Polizia Repubblicana, attivo dapprima a Roma e, dal giugno 1944, a Milano nella famigerata Villa triste.

▲ Osvaldo Valenti, uno dei volti più noto del cinema fascista venne accusato di aver fatto parte della Banda Koch.

▼ Pietro Koch fu condannato a morte e fucilato il 5 giugno 1945 presso il Forte Bravetta a Roma.

▲▼ Nell'estate del 1944 Pietro Koch, iniziò la sua feroce e criminale attività presso Villa Triste, già Villa Fossati a Milano. Il luogo pare fosse frequentato anche dal celebre attore Osvaldo Valenti, ma l'accusa mossagli dai partigiani di aver preso parte alle sevizie inflitte dalla Banda Koch ai prigionieri partigiani risultò essere completamente inventata, come emerse poi davanti alla Corte d'appello di Milano. Nella foto sopra il muro con le lapidi poste a ricordo delle nefandezze occorse in quelle mura nel corso dei pochi mesi in cui fu attiva.

▲ Dopo la guerra quasi tutti i membri della criminale banda Carità furono portati davanti a processo presso la corte di Assise di Lucca, nell'aprile del 1951. Già dopo la Liberazione, membri della banda vennero processati dinanzi alla Corte d'assise straordinaria di Padova: il processo si concluse il 3 ottobre 1945. Uno dei membri venne condannato a morte e fucilato. Dopo il processo di Lucca, invece, un po per l'amnistia un po per eventi straordinari, quasi tutti furono scarcerati.

▼ Il processo nel dopoguerra a Guglielmo Blasi, uno dei membri del GAP di via Rasella, che venne arrestato dai fascisti. Per avere salva la vita, tradisce i compagni facendo i loro nomi e inoltre passò al servizio della stessa banda. La Banda Koch riuscì così a catturare e uccidere molti membri del GAP centrale grazie alle confessioni dell'ex gappista.

▲ Elementi del Reparto Speciale di Polizia Ausiliaria "Tupin" della Questura di Novara in Valdossola nell'ottobre del 1944.

▼ Un autocarro francese con a bordo alcuni militi del Reparto Speciale di Polizia Ausiliaria "Tupin" a Domodossola.

UNIFORMI

La Polizia Repubblicana adottò ufficialmente una nuova uniforme invernale di colore grigioverde, per segnare un netto distacco dalle precedenti istituzioni Regie anche nella divisa. Questa nuova uniforme era composta da una giubba di taglio simile alla sahariana, priva di tasche al petto, ma con due grossi tasconi con la parte superiore a punta sui fianchi e due tasche a spacco sul retro. Con questa giubba si usano pantaloni lunghi alla sciatora, camicia e cravatta. Inoltre, viene adottato un cappotto con colletto chiuso e rovesciato, come la giubba, un rinforzo sulle spalle e bottoniera scoperta.

La distribuzione di queste divise fu però compiuta solo parzialmente e, di fatto, completata solo in alcuni capoluoghi di Regione, cioè ai Battaglioni Ausiliari delle provincie di Milano, Genova e Torino. Per questo motivo la divisa più diffusa rimase ancora quella grigio-ferro del Corpo degli Agenti di Pubblica Sicurezza, alla quale vennero sostituite le stellette con i gladi delle Forze Armate repubblicane sulle mostrine ed eliminati la corona ed il nodo sabaudo dal fregio del copricapo e della bandoliera. L'introduzione dei fregi repubblicani fu però accolta con malumore dalla maggior parte del personale delle Questure, arruolatisi prima della caduta del Fascismo, e non pochi furono i casi di agenti che rifiutarono di utilizzare i gladi. Il personale dei Battaglioni Ausiliari e integrato solo dopo la costituzione della Repubblica Sociale, accolse invece le nuove disposizioni uniformologiche con entusiasmo,

Con la vecchia uniforme era portato il berretto rigido e la bustina; con quella nuova fu fatto obbligo di portare il berretto a busta con visiera, grigioverde per l'uniforme invernale, cachi per quella estiva e nero per i reparti combattenti.

Era previsto inoltre l'uso dell'elmetto grigioverde; una consistente parte di poliziotti fu equipaggiata con elmetti cecoslovacchi, ridipinti di grigioverde o di nero, sopra il marrone originale.

Sul fronte del berretto era cucita un'aquila repubblicana, identica a quella della bandiera di guerra della Repubblica Sociale Italiana. Questo fregio poteva essere ricamato in canutiglia ricamata con sotto panno grigioverde o cremisi, o in metallo verniciato. La versione dorata era riservata agli ufficiali, mentre quella argentata per tutti gli altri.

La stessa aquila era applicata sul fronte dell'elmetto, sotto forma di decalcomania con fondo rosso. Sul lato sinistro dello stesso talora si trovava uno scudetto tricolore verticale, bordato di giallo e con la scritta diagonale "*ONORE*".

Le mostrine erano in panno cremisi, a forma di parallelogramma. Su di esse c'era inizialmente un fascetto, successivamente venne posto un serto circolare di foglie di quercia ed un fascio littorio, in luogo del gladio, in quanto la polizia dipendeva dal Ministero dell'Interno. I battaglioni ed i corpi speciali avevano invece un teschietto con un pugnale tre i denti (di colore argento) sulla mostrina.

Al petto (sopra il taschino destro) era portato un fregio da petto, raffigurante un'aquila con le ali spiegate, che teneva un fascio tra gli artigli. Sopra l'aquila vi era il monogramma *P.R.* (probabilmente stava per "*Polizia Repubblicana*").

Gli ufficiali avevano i distintivi di grado sulle controspalline, simili per forma a quelli della M.V.S.N., ma la denominazione di grado era quella dell'Esercito. I Marescialli portavano, sempre sulle controspalline, da uno a tre galloncini, disposti trasversalmente; i Brigadieri avevano due galloni a V dorati sulla manica, i Vice Brigadieri uno, Le Guardie Scelte due galloni in rayon rosso ed uno solo le Guardie.

Il 10 aprile 1945 una circolare prescrisse l'uniforme estiva, in tela cachi, composta da sahariana, camicia e pantaloni alla sciatora. Con ambo le uniformi doveva essere portato il cinturone in cuoio, senza spallaccio, con fondina per la pistola (sia la giubba che il cappotto avevano due passanti ai fianchi per sostenerlo).

Durante tutto il periodo bellico furono portate in contemporanea anche uniformi dell'Esercito (giubbe con e senza bavero, pantaloni lunghi o alla cavallerizza) specialmente da parte degli Arditi e dei reparti combattenti.

Legione Arditi di Polizia "Pietro Caruso"
Venivano portate le mostrine cremisi proprie della Polizia a forma di parallelogramma, con un fregio costituito da un serto d'alloro e di quercia, sormontato da un fascio littorio, a cui era sovrapposto un teschietto con le tibie incrociate, il tutto in metallo di guerra. In alcune foto e nella cartolina edita per la Legione si vedono alcuni militi, ma soprattutto degli ufficiali, che portano delle fiamme a due punte, divise diagonalmente a metà; la parte superiore era di colore cremisi, quella inferiore nera, con il fregio metallico sopra descritto (a volte senza il teschietto).

Sul berretto era cucito un fregio simile a quello degli altri corpi della Pubblica Sicurezza, un'aquila che ha tra gli artigli un pugnale (anziché un fascio). Poteva essere in metallo o in canutiglia (dorata per gli ufficiali, argentata per gli altri), ricamato su stoffa grigioverde.

Non si hanno indicazioni relative ai fregi sull'elmetto, ma, presumibilmente, erano come quelli adottati per gli altri corpi di Pubblica Sicurezza, anche se in una fotografia, attribuibile alla Legione "Caruso", si nota sul lato sinistro dell'elmetto un fregio, realizzato con decalcomania o verniciato, che replica il distintivo da petto della Polizia Repubblicana.

Per gli appartenenti alla Legione fu realizzato anche un distintivo da Ardito da portare al braccio, identico a quello dell'Esercito, ad eccezione del supporto, che era realizzato in panno cremisi anziché grigioverde.

Infine, risulterebbe che gli Arditi indossassero uno strano basco con visiera, realizzato in panno grigioverde, con una cordellina rossa e nera e l'aquila della Polizia come fregio. Di questo copricapo esiste almeno un esemplare, anche se non vi è evidenza fotografica che possa comprovarne l'uso effettivo da parte dei militi del reparto.

Ispettorato Speciale Polizia Antipartigiani
Gli appartenenti ai nuclei d'assalto dell'I.S.P.A. avevano sulle mostrine cremisi il serto di foglie di quercia con il fascio, come per gli altri reparti della P.S., ma con il fascio di colore rosso, con al centro un teschietto con le tibie incrociate.

Gli appartenenti ai Nuclei Mobili d'Assalto avevano cucito sulla manica sinistra avevano cucito uno scudetto in metallo verniciato di nero, con bordo argentato. Al centro dello stesso era raffigurato il fascio littorio in rosso con il teschietto, ai cui piedi vi era l'acronimo "*I.S.P.A*" (senza punto finale!) e due pugnali incrociati. Lungo i tre lati rettilinei dello scudetto si trovava la dicitura "*NUCLEO/ MOBILE/ D'ASSALTO*". Tutte le iscrizioni erano di colore argento. Non è chiaro se fu realizzata anche la versione in tessuto di questo scudetto.

Legione Autonoma Mobile "Ettore Muti"
L'uniforme tipica della Legione era rappresentata sul celebre manifesto di Coscia per l'arruolamento nella Muti. Essa era composta da giubba da paracadutista e pantaloni alla sciatora grigioverdi (in poche fotografie si vedono militi che portavano anche pantaloni corti sotto il ginocchio con i calzettoni grigioverdi), camicia o maglione a collo alto neri. Sopra la giubba veniva portato un cinturone in cuoio marrone, con una fibbia dorata. Potevano essere indossati indumenti protettivi,

quali giubbe a vento grigioverdi, del tipo utilizzato anche dai Bersaglieri, cappotti in panno grigioverde e giubbotti in cuoio marrone dagli ufficiali.

In estate l'uniforme non variava, se non per il fatto che non era indossata la giubba; si notano però dei legionari con una giubba sahariana cachi.

Gli sciatori avevano in dotazione, oltre al normale abbigliamento, una tuta mimetica bianca composta da pantaloni lunghi e giubba mimetica tedesca reversibile (bianca da un lato, grigio topo dall'altro). I carristi portavano sia l'uniforme propria della Legione, sia la tuta turchina ed il giubbotto di pelle nera dei carristi.

Il copricapo d'ordinanza era il basco grigioverde, per tutti gli appartenenti alla Legione. In rari casi si vedono militi con il berretto a busta grigioverde, ma si tratta di eccezioni. Oltre al berretto, era prescritto l'uso dell'elmetto M33 grigioverde, privo di qualunque fregio. I carristi avevano anche il casco in cuoio nero.

Le mostrine del reparto erano nere pentagonali, caricate da un fascetto rosso sulla parte superiore (simile a quello usato dalle Brigate Nere) e da un teschietto con le tibie incrociate nella parte inferiore. Sulla manica sinistra della giubba, del cappotto o del giubbotto di pelle, veniva cucito uno scudetto con il simbolo della Legione. Lo scudetto era in metallo verniciato in azzurro per la truppa ed in panno azzurro o blu con ricami in canutiglia dorata per gli ufficiali. Spesso era cucito sopra il taschino sinistro della giubba. Su di esso vi era lo stemma della Legione, costituito da un fascio repubblicano con due pugnali incrociati; nella parte inferiore vi era la dicitura: "*LEGIONE AUTONOMA MOBILE – E. MUTI – MILANO*".

Spesso sopra la tasca sinistra della giubba venivano portati distintivi di varia foggia, soprattutto teschi con le tibie incrociate, o i distintivi di grado (quelli dell'Esercito), che dovevano invece essere portati sulla manica sinistra dai graduati. Sulla manica sinistra o sopra la tasca sinistra della giubba molti militi avevano il distintivo da Ardito. Sopra il taschino sinistro della camicia nera era ricamato in rosso il nome della Legione, all'interno di un riquadro, sempre rosso.

Un discorso a parte merita la giubba a vento. Su di essa lo scudetto era applicato sulla parte anteriore, sopra la tasca sinistra; nello stesso posto venivano cuciti i distintivi di grado, sia da parte degli ufficiali che dei graduati, o il distintivo degli Arditi.

Il fregio del copricapo era costituito da un grosso teschio con le tibie incrociate metallico; gli ufficiali portavano invece un fregio in filo di canutiglia composto da rami di quercia ed alloro dorati, con un tondino nero, al centro del quale si trovava il solito teschietto. Sul lato sinistro del basco era uso avere i distintivi di grado.

I legionari impegnati in funzioni di ordine pubblico portavano un bracciale in stoffa bianco con bordi neri e con la scritta, sempre in nero, "*LEGIONE AUTONOMA MUTI – POLIZEI*". A tutti i legionari era stato distribuito un braccialetto in metallo di guerra con una placchetta, su cui era rappresentato.

Per finire, è da ricorda l'uso (limitato) della placca dorata per il cinturone, rappresentante lo stemma del reparto (Fascio littorio con pugnali incrociati ed il motto, in corsivo, "*Siam fatti così*").

▲ Un appartenente al Reparto d'Assalto della Polizia (R.A.P.) di Bologna, fotografato nel 1944. Interessante l'uso del basco, caso unico nel panorama della polizia Repubblicana (se si esclude la Legione "Ettore Muti").

▼ Elementi dell'Ispettorato Speciale di Pubblica Sicurezza per la Venezia Giulia, fotografati insieme ad un militare tedesco. Al centro, identificato dal numero 5 e da una freccia, il Vicecommissario Gaetano Collotti, dal cui nome l'unità fu denominata "Banda Collotti".

▲ Agente della polizia Repubblicana con le mostrine ricamate del primo tipo, con i fasci senza serto d'alloro.

▲ Giubba modello 40 da ufficiale della Polizia Repubblicana (fonte WEB).

▲ Cappello da Capitano della Polizia Repubblicana; si tratta probabilmente di un capo realizzato nei primi mesi di vita della Repubblica Sociale Italiana, perché il fregio del berretto è realizzato su panno grigioverde e non sul regolamentare panno cremisi (collezione Riccardo Pantanelli).

▼ Mostrina dei Battaglioni Speciali della Polizia Repubblicana (collezione Riccardo Pantanelli).

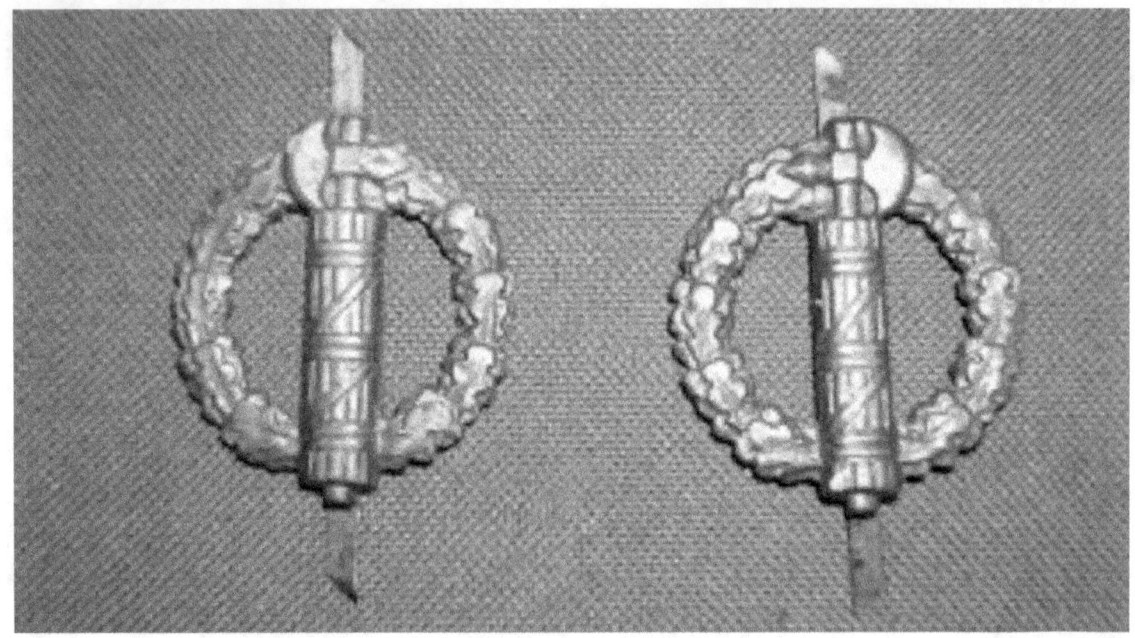

▲ Gladi da mostrina della Polizia Repubblicana (collezione Riccardo Pantanelli).

▼ Fregio da berretto da ufficiale della Polizia Repubblicana, in canutiglia ricamata su panno cremisi (fonte WEB).

▲ Insieme di fregi della Polizia Repubblicana, composto dal fregio da petto, nella rarissima versione metallica, fregio da berretto in canutiglia argentata e da una coppia di mostrine caricate dal fascio repubblicano (Uguccioni Collezioni).

▼ Il distintivo da Ardito da braccio della Legione Arditi di polizia "Pietro Caruso", identico nella grafia a quello dell'Esercito, ma realizzato su panno cremisi. Si tratta di una riproduzione moderna (fonte WEB).

▲ Riproduzione di scarsa qualità dello scudetto metallico di Nuclei Mobili d'Assalto dell' Ispettorato Speciale Polizia Anti Partigiani (fonte WEB).

▲ Riproduzione delle insegne e del fregio della Polizia Repubblicana R.S.I.

▲ Riproduzione delle mostrine e del fregio del berretto della legione Arditi di Polizia "Pietro Caruso" della Polizia repubblicana R.S.I.

BIBLIOGRAFIA

LIBRI

- Arena Nino, "L'Italia in guerra 1940/45", Ermanno Albertelli Editore, Parma, 1997.
- Arena Nino, "R.S.I. – Forze Armate della Repubblica Sociale – La guerra in Italia – 1943 – 1944 – 1945", Ermanno Albertelli Editore, Parma, 2002.
- Arena Nino, "Soli contro tutti", Edizioni Ultima Crociata, Milano, 1993.
- Balugani Ronaldo, "La scia di sangue lasciata dai Tupin (1943-1945)", Edizioni Sigem, Modena, 1999.
- Caporale Riccardo, "La "Banda Carità". Storia del Reparto Servizi Speciali (1943-45)", Edizioni San Marco Litotipo, Lucca, 2004.
- Corbatti Sergio, Nava Marco, "…come il diamante!", Laran Editions, Bruxelles 2008.
- Crippa Paolo, "I mezzi corazzati della Guerra Civile 43 -45", Mattioli 1885, Parma, 2015.
- Crippa Paolo, "Italia 43 – 45 – I blindati di circostanza della Guerra Civile", Mattioli 1885, Parma, 2014.
- Cucut Carlo, "Le Forze Armate della R.S.I. 1943 – 1945 – Forze di Terra", G.M.T., Trento, 2005.
- Cucut Carlo, "Le Forze Armate della R.S.I. sul confine orientale – settembre 1943 – maggio 1945", Marvia Edizioni, Voghera (PV), 2009.
- Domenichini Olinto, "Le ricerche hanno dato esito negativo. I giusti della Questura e le persecuzioni razziali a Verona (1943-1945)", Cierre Edizioni, Caselle (VR), 2021.
- Fazzo Luca, "L'ultimo fucilato", Mursia, Milano, 2015.
- Griner Massimiliano, "La "banda Koch". Il reparto speciale di polizia 1943-44", Torino, Bollati Boringhieri, 2000.
- Guglielmi Daniele, Tallillo Andrea, Tallillo Antonio, "CarriL3. Carri Veloci, Carri leggeri, derivati", G.M.T., Trento, 2004.
- Kuchler Heinz, "Fregi, mostrine e distintivi della R.S.I.", Intergest, Milano, 1974.
- Marzetti Paolo, "Uniformi e distintivi italiani 1933 – 1945", Ermanno Albertelli Editore, Parma 1995.
- Memo Giovanni, "La banda Koch a Milano. Tra i reclusi a "Villa Triste", Tipografia Editoriale Luigi Memo, Milano, 1945 link a pdf
- Oliva Gianni, "L'ombra nera, Le stragi nazifasciste che non ricordiamo più", Arnoldo Mondadori Editore, Milano, 2007.
- Pisanò Giorgio, "Gli ultimi in grigioverde", Edizioni F.P.E., Milano 1967.
- Pisanò Giorgio, "Storia della Guerra Civile in Italia", Edizioni F.P.E., Milano 1967.
- Rosignoli Guido, "R.S.I. Uniformi, distintivi, equipaggiamenti e armi 1943-45", Ermanno Albertelli Editore, Parma, 1998.
- Sparacino Fausto, "Distintivi e medaglie della R.S.I., della Legione S.S. Italiana, dei Veterani della R.S.I." E.M.I., Milano, 1998.
- Sparacino Fausto, "Distintivi e medaglie della R.S.I." E.M.I., Milano, 1994.

Quotidiani, riviste e periodici
- "Acta" della Fondazione R.S.I. – Istituto Storico, Terranuova Bracciolini (AR), numeri vari.
- "Il generale Montagna costituisce la Legione Arditi della Polizia "P. Caruso"" ne "il Popolo del Friuli", 27 novembre 1944.
- Adami Maria Vittoria, "Verona, i giusti della Questura" ne "L'Arena", 26 gennaio 2021.
- Lombardo Mario, "La Repubblica di Salò", in Storia Illustrata n°200, Arnoldo Mondadori Editore, Milano, luglio 1974.
- Pisani Marco, Tagliazucchi Enrico, "Il Reparto Speciale di Pietro Koch: la Banda Koch", in "Fronti di guerra", n° 90, novembre – dicembre 2023.
- Poggiali Luca, "La Polizia Repubblicana nella R.S.I.", in "Storia e Battaglie, n° 240, novembre – dicembre 2022.
- Puleio Nino, "Quell'aprile a Milano", ne "Avanti!", 25 aprile 1967.
- Stagno Raffaele, "La Polizia Repubblicana", in "Fiamme d'Oro, anno XLVII – numero 2, maggio – agosto 2020.

Documenti diversi
- Calore Gianmarco, "Polizia Repubblicana e Agenti di Pubblica Sicurezza: cenni storici sul passaggio istituzionale".
- Mattinali delle Questure Repubblicane di Milano, Torino, Genova, Bologna, Venezia, Vercelli, Cuneo, Varese, conservati presso i rispettivi Archivi di Stato.
- Notiziari della Guardia Nazionale Repubblicana.
- Bollettino Ufficiale del Ministero dell'Interno.
- Bollettino Ufficiale del Corpo delle Guardie di Pubblica Sicurezza (anno 1945 e seguenti).
- Archivio Storico di Cuneo, annuari 1944, 1945 e 1946.
- Testimonianza dell'Appuntato Agostino Bernardi.
- Testimonianza del Maresciallo Arcangelo Stiuso.

TITOLI GIÀ PUBBLICATI - TITLES ALREADY PUBLISHING

www.ingramcontent.com/pod-product-compliance
Lightning Source LLC
LaVergne TN
LVHW081452060526
838201LV00050BA/1771